반사광의 사랑

박유하

서 문

서문

왜 디지털 포엠인가

문학은 언제나 지극히 개인적인 감정의 진동에서 시작되었고, 그 진동이 타자에게 전달될 수 있다는 사실만으로도 하나의 기적을 품고 있다. 타인의 언어로 내가 울 수 있다는 것, 내가 쓴 한 줄이 누군가의 내부를 휘저을 수 있다는 것. 그 놀라운 공명은 종이에 적힌 잉크 너머로, 시간과 공간을 초월해 작동해 왔다.

그러나 오늘날, 우리는 물리적 책장보다 훨씬 빠르고 쉽게 넘겨지는 디지털의 흐름 속에 놓여 있다. 종이와의 접촉은 스크롤, 깊은 응시는 빠른 소비로 대체되었으며, 책장을 천천히 넘기며 머물던 종이 냄새의 낭만은 점점 사라져 가는 듯 보인다. 이러한 시대에 문학은 단지 '종이 위의 글'로만 존재할 수 있을까?

디지털 포엠은 이 질문에 대한 하나의 응답이다. 디지털 포엠은 시가 더 이상 활자에만 머무르지 않고, 이미지로 진동하고, 사운드로 숨 쉬며, 감각의 다층적 결로 재현될 수 있다는 가능성을 실험하는 장르다. 언어의 결이 영상의 떨림으로 번역되고, 말해지지 않은 감정이 여백의 사운드로 울리는 방식. 디지털 포엠은 문학의 본질을 포기하지 않으면서도, 새로운 매체 환경 속에서 언어의 존재 방식 자체를 다시 묻고, 다시 호출한다.

이러한 이유로, 디지털 포엠의 확산은 단지 하나의 기술적 트렌드나 창작 방식의 전환을 의미하지 않는다. 그것은 문학이 감각의 세계에 어떻게 다시 접속할 수 있는가에 대한 철학적 시도이며, 독자의 감각을 새로운 방식으로 접속시키는 서정적 기술의 윤리이기도 하다.

그간 서적으로 출간되는 시는 감정의 발효를 기다리는 서사적, 서정적 공간이었다. 그러나 디지털 포엠은 플랫폼의 시간 규율, 예컨대 몇 초 안에 주목받아야 한다는 압력 속에서 존재한다. 이는 '공감'과 '조회수'라는 알고리즘에 의해 즉각적으로 반응을 받기 때문이다. 이로 인해 문장의 숨결은 축약되고, 감정은 더 빠르고 선명하게 구조화된다. 예를 들어 느리게 침전하는 슬픔보다는, 즉각적으로 시각화된 슬픔이 우선시되는 구조가 형성되는 것이다.

또한 그동안 시는 말을 하지 않음으로써 말해 왔고, 침묵 속에서 의미를 생성했다. 반면 디지털 포엠은 사운드, 영상, 텍스트가 동시에 말하려는 경향을 지닌다. 이로 인해 은유의 여백은 좁아지고, 이미지의 즉시성과 감각적 포화가 그 자리를 대신한다. 표현의 풍부함 속에 의미의 다층성은 빈약해지기도 한다.

이 밖에 디지털 포엠은 계속 말해야 살아남는 구조(추천 알고리즘, 피드 전쟁)에 놓인다. 결국 디지털 포엠도 디지털 콘텐츠에 해당되기 때문에 '확산'을 무시할 수 없다. 이는 즉각적인 자극과 평균율에 맞춰진 감정 등이 우선시되기 쉬운 문제점이 존재한다.

그렇다면 이러한 특징을 지닌 디지털 포엠은 어떤 의의를 지니는가. 지금까지 시가 활자 위에서 구조와 장르를 실험했다면, 디지털 포엠은 매체 그 자체를 실험의 대상이자 도구로 삼는다. 텍스트와 영상, 이미지 리듬과 침묵, 소리와 이미지 간의 이질성, 화면의 배치와 페이드아웃이 언어의 새로운 몸이 되고, 이로써 은유는 더 이상 단어만으로 구축되지 않는다. 이처럼 디지털 포엠은 기존 문학의 실험 정신을 다른 차원으로 옮긴다.

또한 시가 침묵을 문장 사이의 공백으로 남겼다면, 디지털 포엠은 흐릿한 이미지, 사라지는 음향, 느린 페이드와 같은 비언어적 방식으로 침묵을 구현한다. 이는 언어의 결을 새로운 매체로 번역하는 감각적 시도이며, 보이지 않는 것을 보이게 하는 또 하나의 시적 기술이다.

그 밖에 디지털 포엠은 텍스트, 이미지, 사운드, 인터랙션이 얽히는 하이브리드 구조를 통해 문학의 형식 실험을 극대화할 수 있는 장이다. 이는 언어 중심의 시가 접근하지 못한 감각적 층위를 열 수 있다.

디지털 포엠은 서적으로 출간되는 문학의 자리를 대체하지 않는다. 오히려 이는 우리가 오랫동안 '문학'이라 불러온 감정의 움직임과 내면의 진동을 새로운 감각의 조건 위에 다시 배열해 보려는 시적 실험이다. 그 배열은 더 빠르고, 일시적이며 시뮬라크르적일 수 있지만, 그 안에서 여전히 언어는 느리게, 고요하게, 한 존재의 중심을 향해 흐른다.

본 책은 필자가 1년간 디지털 포엠을 실험한 과정을 기록한 결과물이다. 종이 위에서 태어나던 언어를 스크린 위의 빛과 소리로 옮기는 이 낯선 여정은, 단순한 형식 실험이 아니라 감각의 질서를 재배치하려는 시도였다. 시는 더 이상 활자로 고정된 형태가 아니었고, 단어는 정지된 의미가 아니라 시청각의 파장이었다. 말과 이미지, 사운드와 여백이 충돌하고 교차하는 지점에서 필자는 종종 길을 잃었고, 또 그만큼 새로운 매체를 통한 시적 세계를 발견할 수 있었다.

그 과정에서 디지털 포엠을 향유하는 독자층에 맞추어 기본 단계, 심화 단계로 나누어 집필했다. 기본 단계는 시적 영상과 시작 노트(짧은 글)을 병치하는 방식이다. 이는 눈과 귀로 시를 느끼는 단계로서 비교적 문해력을 필요로 하지 않는 수준의 짧은 글을 병치함으로써 누구나 즐길 수 있는 양식이다. 심화 단계는 시적 영상과 문해력을 필요로 하는 시를 병치하는 방식이다. 이는 더 섬세한 언어와 상징으로 '사유력'을 필요로 한다.

이 실험의 기록은 문학이라는 오래된 감정의 양식을 지금 여기의 감각으로 다시 배치하고 재구성하는 과정의 시적 일지에 가깝다. 이 책에 실린 작품과 글들은 하나의 완결된 정답이 아니라, 디지털 시대의 감각 위에서 문학이 어떤 방식으로 숨을 쉬고, 미끄러지고, 다시 일어서는지에 대한 과정이다.

* 디지털 포엠 원본(영상)은 '박유하 시인'을 검색하시면 틱톡, 인스타그램, 유튜브에서 감상하실 수 있습니다.

차 례

왜 디지털 포엠인가   004

디지털 포엠 심화 단계_

식물의 푸른 냄새가 새처럼 퍼덕이다 사라질 때	010
입술은 가벼워도 이윽고 눈을 마주친다는 건	016
일 그램의 귤 냄새를 눌러 넣는 일	020
텅 빈 곳의 어둠을 소리 내면서	024
돌의 질감은 수많은 촉수로부터 비롯된다	028
도마뱀 무늬	032
결빙의 코	036
무궁화꽃처럼	040
책의 모서리가 연주하는 밤	044
매미의 울음	048
기다란 꼬리를 가진 어둠	052
이번 해의 칠월은 벽에 난 구멍처럼 왔다	056
우리는 섬망처럼 반지하의 밤 속을 떠다니다가	060
토끼풀	064
그 즘 되면 몸 밖이 모두 창문이다	068
최첨단의 사랑	072
삼십 도 기울어진 자세	076
기린이 서서 잠이 드는 밤에	080
서랍 속으로 추락할 수 있을 만큼	084
가시는 나무 의자의 부리입니까	088
여전히 한 방향으로만 돌면서	
민들레 꽃씨는 가까스로 허상이 되어 갔다	092
수천 개의 지느러미가 온몸에	096
온통 창문인 이곳에	100
복부에게 점령당하고	104
눈을 감고 머무는 일	108
하삼동 2번지 거리의 끝	112
가끔 소파에 앉을 때	116

고체의 밤을 끝까지 응시하면서	120
너는 복도처럼 사라지고 복도는 너로 발견된다	124
혀가 온다	128
오렌지가 흐르고 침엽수림은	132
반사광의 사랑	136
흔들리는 탑의 시간	140
찌그러진 새벽	144
가장 조용한 증명	148
심장이 없는 곳에서 심장처럼	152
무해한 자기장	156
비어 있는 쪽으로만 서랍은 흐른다	160
그럼에도 우리는 하나둘씩 둥근 테이블에 모여 앉았다	164
저녁을 뱁노는 나비	168
누구의 무늬였는가	172
인사의 감정	176
거울은 아무것도 저장하지 않는다	180
묶인 적 없이 흩어지는 작별	184
눈 맞춤은 질문으로 남고	188
닿지 않은 키스	192
공이 구르지 않는 방에서	196
고요한 응답	200
체온의 부스러기	204
올곧게 서는 의식	208
우산의 간격	212
회전문의 멀미	216
나는 온몸으로 음악을 기어오르고 있었다	220
이 가벼운 부유를 누가 굴릴 수 있을까	224
붉은 탄성의 시간	228
돌의 수혈	232

디지털 포엠 기본 단계_   238

디지털 포엠 심화 단계

— '시적 영상'과 '문해력을 필요로 하는 시'로 구성된 디지털 포엠.

식물의 푸른 냄새가 새처럼 퍼덕이다 사라질 때

내가 키우는 초본 식물의 끝이 까맣게 말라 갔다
모든 수분을 거부하고 스스로 풍장 되어 가듯이

풀잎은 궁극을 앞당길수록
곡선으로 굽어 자신의 반경을 발견한다

그리하여 저녁에서 새벽까지
혹은 새벽에서 저녁까지

풀잎이 풀잎 안을 헤맬수록
풀내가 나고

나는 풀내의 시간을 횡단하는 새와 자주 눈이 마주쳤다

{} 시작 노트

내가 키우던 작은 초본 식물의 끝이
며칠 전부터 까맣게 말라 갔다.

나는 그 잎끝을 매일 지켜보았다.

잎은 자신이 그릴 수 있는 최대 반경을 조용히 실현시키듯 구부러지고 있었다.

그건 소멸이 아니라 어딘가 되돌아가는 궤적처럼 보였다.
저녁에서 새벽까지 혹은 새벽에서 다시 저녁까지

잎은 잎 안을 헤매듯 굽어 갔다.
그럴수록 방 안에는 희미한 풀내가 번졌다.

그 냄새를 따라 방 안을 떠도는 기분이 들 때마다
나는 작은 새가 되어 횡단하다가
또 다른 작은 새와 눈이 마주칠 것 같았다.

▣ 디지털 포엠 제작 방법

gen3로 사진과 영상을 제작하였다. 영상과 시는 분리하여 게시하였다. 영상에서는 잎과 새를 중첩시킨 이미지를 구현했다.

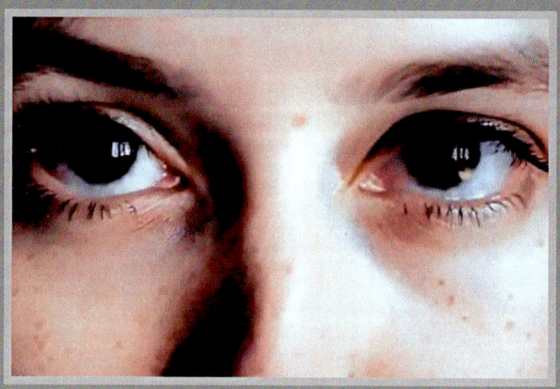
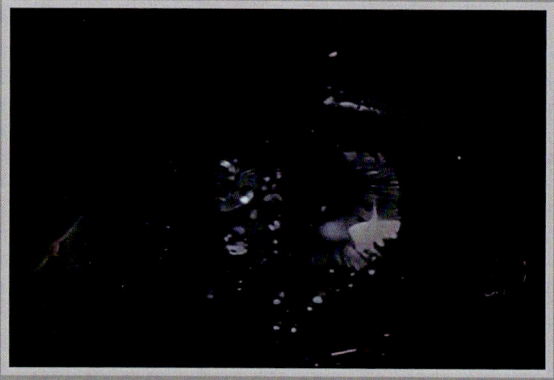

입술은 가벼워도 이윽고 눈을 마주친다는 건

어느덧 중년이 된 혜수는 오랜만에 그녀의 친구와 단둘이 아파트 거실에 마주 앉아 차를 마신다

혜수는 거실 밖 베란다 창문을
친구는 부엌의 가스레인지 옆에 있는 창문을 바라본다
각자의 창문으로 서로에게 닿을 수 있다는 듯이
창문과 창문을 이은 통로가 여름이 될 수 있다는 듯이

  창문과 창문을 이은 통로는 투명한 덩굴처럼 이곳을 돌고 돌아 자라나고
  혜수와 친구는 마주 앉아 있는 동안 길고 긴 통로 속으로 심장을 굴린다
  심장이 온도와 무게감을 잃고 바람이라고 착각될 때까지
  헛것이 돼버린 심장이어서 받아들일 수 있다는 듯이

  혜수와 친구는 이윽고 눈을 마주친다
  진심을 정화하면 결국 아무것도 없다
  그래도 충만할 수 있지 않는가

아무것도 없는 것을 뿔처럼 달고 나아가는 속력으로

우리는 그리웠을까

아무것도 없는 것조차 아무것도 없어질 때까지
서로를 만나는 순간에는 서로가 없고
침묵의 자국이 그대로 남아 있는 민감한 의자만 남아 있지 않는가

여전히 간헐적으로 떨어지는 물방울이 지나가는 고요한 낮은
물방울 심장을 가진 어느 누구의 창문과 창문을 이은 통로일까

{} 시작 노트

　우리는 결국 그저 눈을 마주쳤다. 한참 동안 서로 꺼내지 않은 진심이 이미 그 자리에 있었다. 진심이 정화된다는 건 끝까지 말하지 않았을 때였다. 모든 것을 비워 버린 순간, 정말 아무것도 없는 그 사이에 우리가 있었다.

■ 디지털 포엠 제작 방법

　gen3로 사진과 영상을 제작하였다. 영상과 시는 분리하여 게시하였다. 영상에서는 눈 속의 아름다운 빛을 나비로 형상화했다.

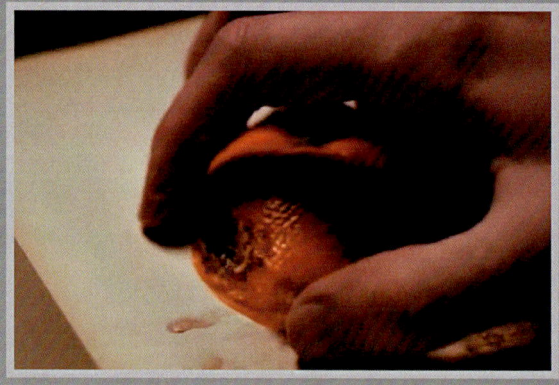

일 그램의 귤 냄새를 눌러 넣는 일

무취의 도서실에서
나는 일 밀리그램의 귤 냄새를 은폐해야만 했다

책장을 넘길 때마다 종이 사이로
귤 냄새가 스며 나오는 것 같아
서둘러 책을 덮어 보지만

너무 작고 신명한 죄처럼
귤은 어딘가에 놓여 있다

이곳은 모든 사물이 냄새를 잃고서
표면만으로 존재하는 책으로 남아 있고

귤을 까던 그날
나는 네 손이 너무 따뜻하다는 이유로
아무 말도 하지 못했다

나는 그 다정함을 받아 낼 자격이 없었다

하지만 그건 겨울의 과일이었고
나는 그 계절에 늘 늦게 도착해서
고개를 돌리면

아직도 도서관에 있다

다정함은 조용하게 나를 죄인으로 만든다

나는 독서를 하듯이 책장을 넘기며 일 그램의 귤 냄새를 눌러 넣는 것이다

{} 시작 노트

　겨울 도서관을 나와 집으로 돌아오는 길, 코트 주머니 속에서 한 알의 귤을 발견했다. 네가 슬며시 넣어 준 것이었다. 나는 그것을 끝내 까먹지 못했다. 그날 이후로 그 귤은 계속 주머니 속에서 나를 따라다녔고 나는 그 겨울 도서관에서 벗어나지 못했다.

▣ 디지털 포엠 제작 방법

　veo3로 영상을 제작하였다. 영상과 시는 분리하여 게시하였다. 영상에서는 책장 사이에 있는 귤 냄새를 형상화했다.

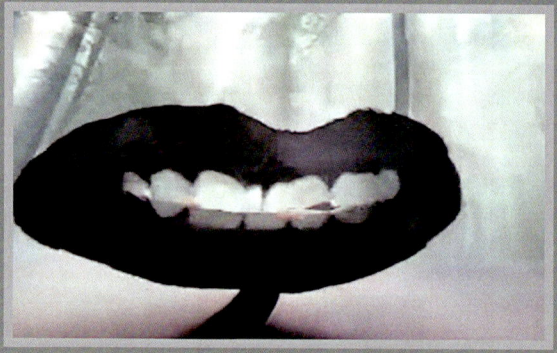

텅 빈 곳의 어둠을 소리 내면서

캄캄하면 텅 비어 있는 것처럼
캄, 캄, 울립니다

누구의 성대일까요
캄캄했던 당신의 방이 기억납니다

나무 구멍 냄새가 나는 당신의 방으로
숨어 날아드는 거대한 새를 보았습니다

새가 얼마나 오랫동안 같은 곳을 쪼면
캄, 캄, 울리는 성대가 될 수 있습니까

고운 흙냄새는 전생이 캄, 캄, 울리기도 해요
물고기의 입 모양처럼 캄, 캄, 성대로 숨을 쉴 수 있습니다
길거리를 떠도는 개가 캄, 캄, 짖는 것도 보았습니다

캄캄하면 제가 빠져나온 자궁이 떠오릅니다
캄, 캄, 자신이 머물렀던 거푸집 같은 울음일까요

오후에 당신의 캄캄한 방이 유령처럼 서성이는 것을 보았습니다

새가 얼마나 오랫동안 이곳을 쪼면
캄, 캄, 울리는 성대가 들어서나요

텅 빈 곳의 어둠을 소리 내면서

{} 시작 노트

 아무도 없는 방에 있으면 내 몸 안 어딘가에서 묘한 울림이 들리기 시작한다. 그건 귀로 들리는 소리가 아니라 몸 안쪽 어딘가에서 둔하게, 멀리서부터 캄…… 캄…… 하고 울려오는 소리였다. 나는 더 분명히 들을 수 있을까 싶어서 가만히 숨을 죽인다. 그 울림은 심장도 아니고, 위장도 아니고, 목젖 근처 어딘가에서 텅 빈 공기처럼 울렸다. 캄…… 캄…… 누군가 내 안쪽에서 나무속을 천천히 쪼고 있는 것처럼. 아니면 아무 말도 하지 않아도 몸이 스스로 기억하는 어둠의 발성인 것처럼.

▪ 디지털 포엠 제작 방법

 gen3로 사진과 영상을 제작하였다. 영상과 시는 분리하여 게시하였다. 영상에서는 몸속의 어둠을 기괴한 동물로 표현해서 울음을 형상화했다.

돌의 질감은 수많은 촉수로부터 비롯된다

돌의 질감은 수많은 촉수로부터 비롯된다

어두운 밤, 돌의 촉수가 손처럼 흔들리다가
다리처럼 자라나는 것을 보았다

촉수들이 거칠게 발버둥 치는 힘으로
돌은 정확하게 균형을 잡는다

마치 정지하고 있었다는 듯이

{} 시작 노트

어느 날 저녁, 문득 마주친 돌의 멈춤에는 이상하게도 방금 전까지 수천 번의 움직임을 거듭했을 것 같은 긴장이 서려 있었다.

돌돌 말린 태엽 인형이 움직임을 참고 있는 것처럼

돌은 막이 오르기 직전, 팽팽하게 당겨진 활시위라는 배역을 맡고 있었다.

그의 서사는 없었지만

공기를 잡아당기는 것 자체가 오래된 연극의 한 장면이자, 돌에게 주어진 유일한 대사 같았다.

▣ 디지털 포엠 제작 방법

gen3로 사진과 영상을 제작하였다. 영상과 시는 분리하여 게시하였다. 영상에서는 돌의 촉수를 손으로 표현함으로써 돌과 사람이 중첩된 이미지를 구현했다.

도마뱀 무늬

　세상에서 가장 황홀한 무늬를 가진 도마뱀의 피붓결을 확대하면
　　수천 마리 도마뱀이 기어다닌다

　그들은 서로의 척추를 따라 얽히고설켜
　한 마리만 멈추어도
　피부 위의 무늬는 서서히 방향을 잃는다

　가끔은 한 마리가 등을 닮고
　다른 도마뱀의 등줄기로 건너간다

　그 순간, 무늬와 무늬가 겹치고 스며들며
　서로가 서로의 무늬가 될 수 있다

◘ 시작 노트

도마뱀의 피부를 오래 들여다본 적이 있다. 처음엔 그저 아름다운 패턴이라고 생각했지만, 자세히 보니 그것은 결코 정지된 그림이 아니었다. 수천 마리의 도마뱀이 서로의 등을 타고 기어다니며 움직이고, 스며들고, 탈주하고, 다시 겹쳐지는 무늬였다.

나는 그 무늬 속에서 나의 삶을 떠올렸다. 누군가를 만나고, 사랑하고, 이해하려 하고, 끝내 헤어지고, 오래도록 기억하거나 잊거나 하는 그 모든 순간들이 나라는 생의 피부 위에서 하나의 무늬를 만들고 있었다.

그 무늬는 결코 단정하거나 대칭적이지 않다. 어떤 날은 한 사람이 내 삶 위에 선명한 색을 남겼고, 어떤 날은 누구의 흔적도 없이 스쳐 지나갔다. 단 한 사람의 사라짐만으로도 전체의 형상이 미세하게 일그러지기도 했다.

▪ 디지털 포엠 제작 방법

gen3로 사진과 영상을 제작하였다. 영상과 시는 분리하여 게시하였다. 영상에서는 도마뱀의 피부를 확대할수록 그 표면 위로 수천 마리의 도마뱀이 출현하는 듯한 시각적 환영을 구현하는 데 집중했다.

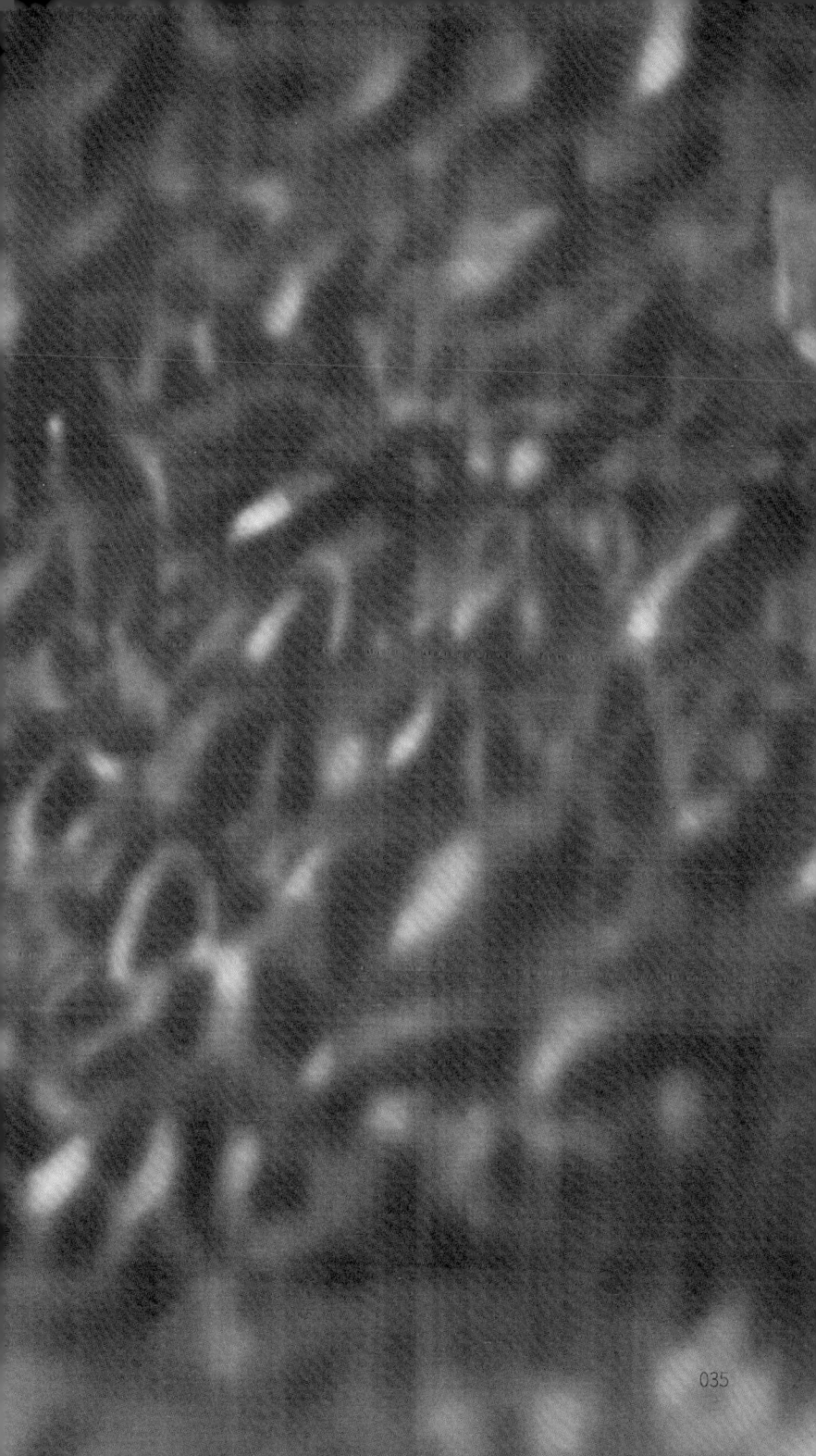

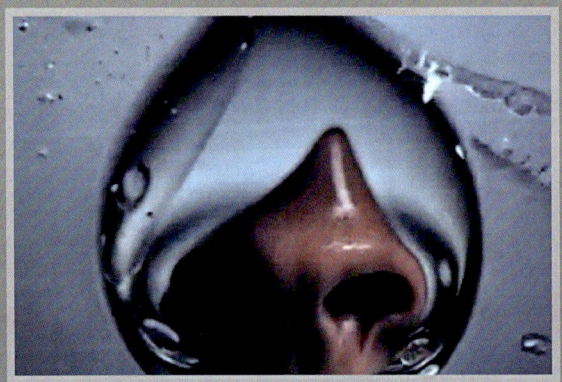
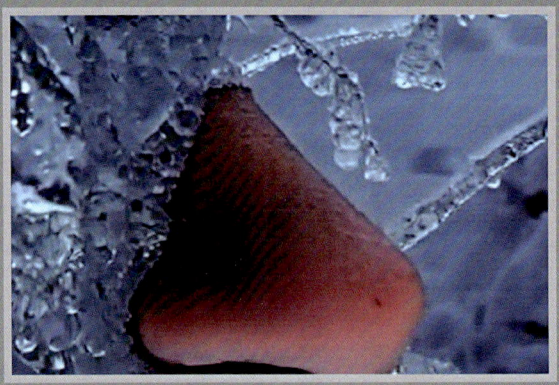

결빙의 코

얼음 속에서만 피어나는 꽃이 있다

그 꽃은 봉오리도 없이
투명한 숨결처럼 서서히 번지며 피어오르다가

온전히 피기도 전에
기포처럼 얼음 속에 박제된다

잎도 줄기도 없이
얼음 안쪽, 아주 깊은 층에서
들숨과 날숨 사이를 부유하며

한 번도 피어난 적 없는 꽃은
왜 매번 지금 막 피어나려는 듯 어른거리는가

언제나 얼음의 내부에만 존재하고
녹는 순간 사라지는 계절 속에서

{} 시작 노트

한겨울, 아침 일찍 눈을 뜨면
방 안의 공기는 얇은 유리막처럼 차갑고 조용하다.

나는 얼음 속 기포처럼 고요히 떠 있다.

움직이지도, 사라지지도 못한 채, 어딘가로 올라가려는
기척만 품은 채 멈춰 있는 나.

말 대신 김처럼 번지는 마음만이 남겨진 순간.

▪ 디지털 포엠 제작 방법

gen3로 사진과 영상을 제작하였다. 영상과 시는 분리하여 게시하였다. 영상에서는 얼음 속에 갇힌 숨을 표현하기 위해 결빙된 코를 이미지로 구현했다.

무궁화꽃처럼

천장까지 더위가 차오른 여름날

나는 눅눅한 공기 속에
화석처럼 매몰된 채
식은땀을 줄줄 흘리고 있었다

기이한 긴장 속에서
"무궁화꽃이 피었습니다!"
외침이 울릴 때마다

우리는 오 초간,
목울대까지 차오른 숨을 삼켰다

살아 있는 모두에게 정지는 무더운 기후다

움직일 수도, 움직이지 않을 수도 없는
그 여름 속에서만

우리는 무궁화꽃처럼
터질 듯 피어나기도 했다

◌ 시작 노트

 8월의 어느 오후였다. 에어컨은 고장 났고, 창문을 열자마자 밖에서는 아스팔트가 숨을 헐떡이는 소리가 들렸다. 어디론가 가야 한다는 걸 알고 있었지만 몸은 움직이지 않았다. 이러한 여름은 정지를 닮았다. 시작도 할 수 없고 끝날 수도 없는 여름이 제자리에서 끓는 시간들.

▣ 디지털 포엠 제작 방법

 gen3로 사진과 영상을 제작하였다. 영상과 시는 분리하여 게시하였다. 영상에서는 비대해진 방바닥 위로 여름 나무가 자라나는 이미지를 구현했다.

043

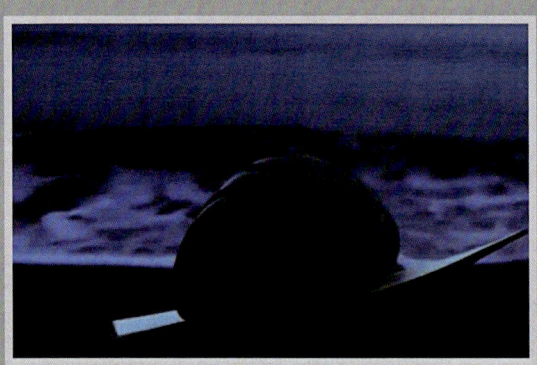

책의 모서리가 연주하는 밤

책장을 정리하다 보면
어느덧 밤이 밀려온다

이러한 밤은 처음엔
수평적이다가도
불쑥 솟아올라

책 한 권을 들추어내고서는
다시 천천히 물러난다

그렇게 발견한 책으로
비어 있던 칸을 가지런히 채우면

밤은 이윽고 또다시 밀려온다
이곳에 있는 책이 전부 부정될 때까지

어떤 책은 거칠고 농도 짙은 밤에 파묻혀
모서리밖에 보이지 않는다

그러한 책을 건지기 위해
모서리를 조심스레 잡으면
모서리가 사라지기도 했다

책은 스스로
모서리의 위치를 바꾸며
밤의 성질을 연주하는 것이다

〔〕 시작 노트

책장을 정리하다 잠시 쉬기로 했다.
다시 방으로 돌아왔을 땐, 조명이 어두워져 있었고
책의 모서리는 날카로운 모양을 잃고 둥근 선으로 변해 있었다.

조명이 낮아지고 방이 더 깊은 정적에 잠길수록
마치 방과 책은 오랫동안 대화를 나눈 끝에 서로의 가장자리들을 맞춰 가듯
서서히 공기의 일부가 되어 가고 있었다.

▣ 디지털 포엠 제작 방법

gen3로 사진과 영상을 제작하였다. 영상과 시는 분리하여 게시하였다. 영상에서는 심해 속으로 들어간 책의 모양이 진화하는 이미지를 구현했다.

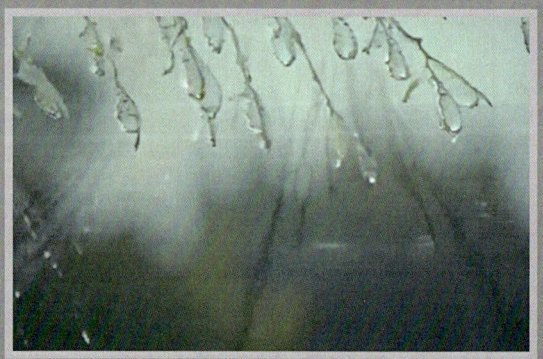

매미의 울음

매미가 소리를 잠시 멈춘다

그 순간, 동그란 침묵이 빗방울처럼
이곳 어딘가에 맺혀 있다

이윽고 매미는 또다시 소리를 내어
표면이 반질반질한 침묵을 밀어낸다

침묵이 또르르 미끄러지는 동안
어떤 소리의 분진은 침묵 속으로 엉겨 박제된다

매미는 울지 않고 운다
쇠똥구리처럼 침묵을 굴려서
소리의 우주를 조금씩 확장하는 것이다

〔〕 시작 노트

저녁 8시가 조금 지난 시간. 장을 보고 돌아오는 길, 건물 계단에서 이상한 울림이 들려왔다. 한 계단을 오를 때마다 벽면을 따라 번지는 매미 소리.

정확히는 울음이 아니라
울음이 사라진 자리에 남은 잔향 같은 침묵이었다.

매미는 소리를 내는 것이 아니라 쇠똥구리처럼 침묵을 굴리고 있었던 것이다.
그 침묵이 굴려질수록 계단실은 점점 더 커지는 것만 같았다.

이 좁은 콘크리트 속에서 우주의 지름을 늘리고 있는 것처럼.

▪ 디지털 포엠 제작 방법

gen3로 사진과 영상을 제작하였다. 영상과 시는 분리하여 게시하였다. 영상에서는 매미가 자신만의 우주 속에서 새롭게 부화하는 이미지를 구현했다.

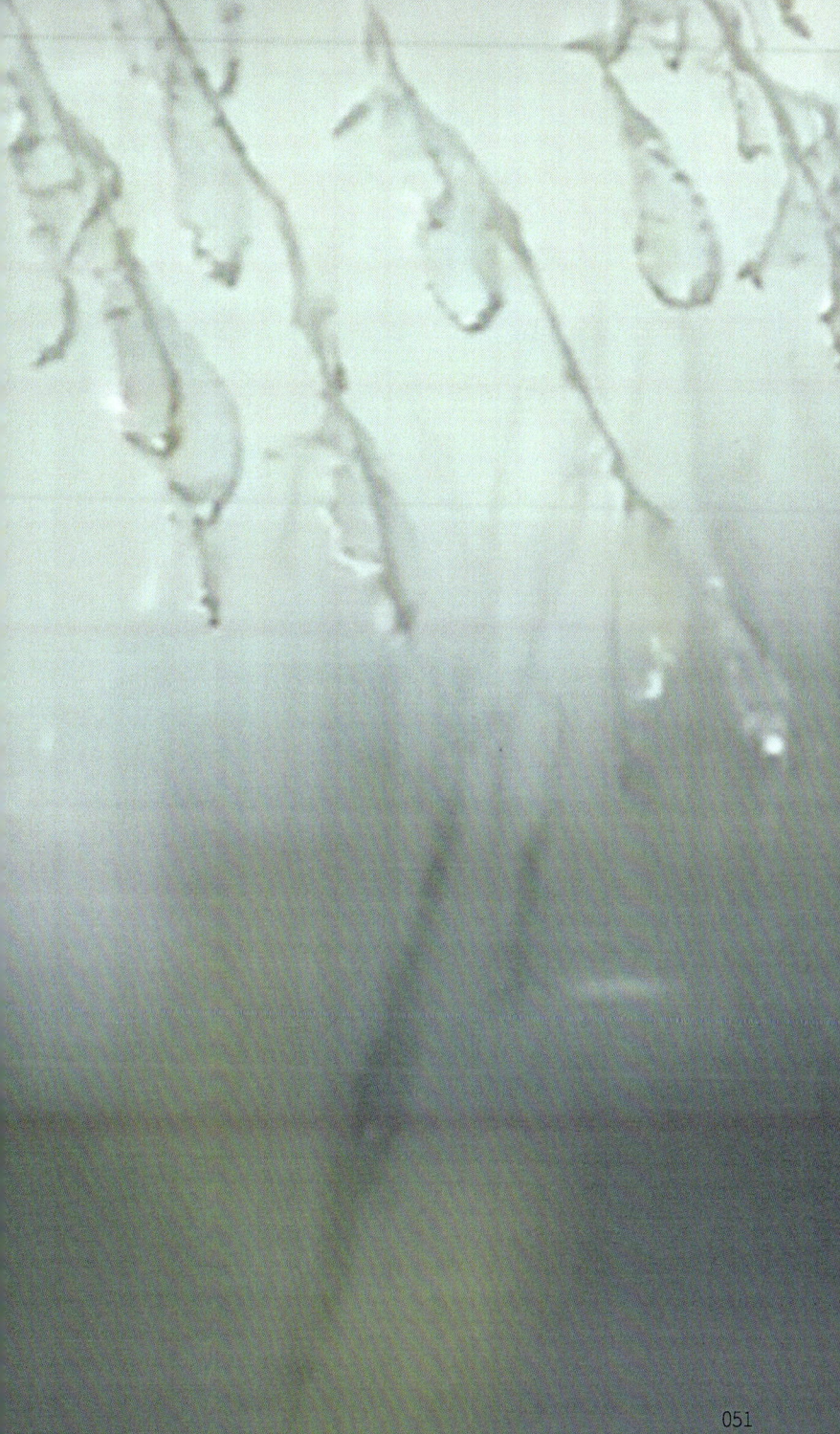

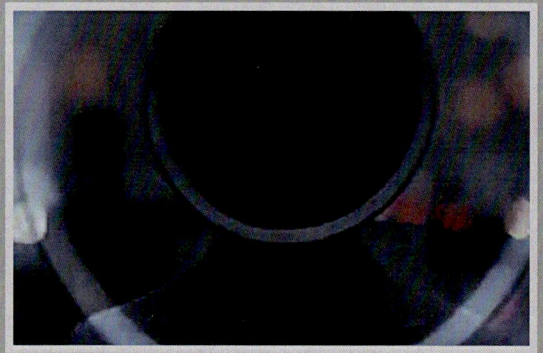
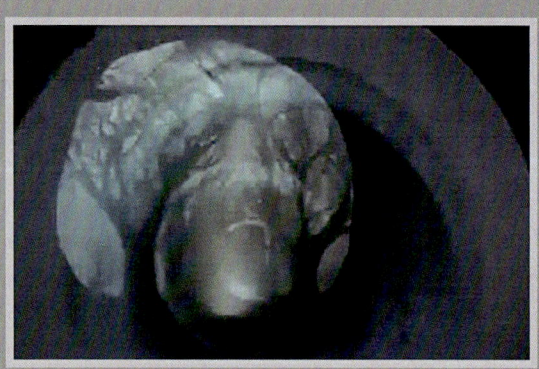

기다란 꼬리를 가진 어둠

일 초 만에 끝나는 터널을 빠져나오면서
출구와 입구가 붙으면 찬란하다는 사실을 알았다

그러한 찬란을 마주할 때마다
후유증처럼 눈이 감긴다

일 초간의 어둠이
내 시간의 속도로
차츰 번역되기 때문이다

어둠이 사라지고 나서야
나는 어둠을 알아차리곤 한다

눈을 떠도
기다란 꼬리를 가진 어둠은

여전히 내 뒷덜미를 지나
가슴께를 흘러내리며 몸속을 통과했다

{} 시작 노트

　백화점 매장 불빛이 순식간에 눈앞을 가득 채웠다. 그 빛은 너무 밝고 반짝여서
　순간적으로 두 눈이 저항하듯 감겼다.

　그건 단순히 눈이 부셔서가 아니었다. 매장 밖의 어둠이 아직 내 안에서 다 빠져나가지 않은 채 천천히, 아주 느리게 사라지고 있었기 때문이다.

　눈은 떴지만 그 짧은 어둠의 여운이 여전히 내 몸 어딘가를 통과하고 있었고
　빛은 이미 도달했지만 내 시간은 아직 어둠을 번역 중이었다.

　나는 문 앞에 잠깐 멈춰 서야만 했다.
　어둠이 다 지나가고, 빛이 온전히 드러날 때까지.

▣ 디지털 포엠 제작 방법

　gen3로 사진과 영상을 제작하였다. 영상과 시는 분리하여 게시하였다. 영상에서는 신체 기관이 터널이 되어 버린 인간의 이미지를 구현했다.

이번 해의 칠월은 벽에 난 구멍처럼 왔다

이번 해의 칠월은
벽에 난 작은 구멍처럼 왔다

누군가 돋보기를 들고
햇빛을 조심스레 한 점에 모으듯

여름은 조용하고 까맣게 뜨거웠다
그러나 번지지 않았다

다만 구멍을 넘어서지 않는 열기로
벽의 표면을 천천히 녹이고 흘러내리게 하며
여름은 그저 시간인 척한다

◻ 시작 노트

창문을 열어도 방 안이 식지 않았다.

선풍기를 틀어도 공기는 한없이 무거워서
그 안에 거하는 동안에는 더위와 우울이 서로 겹친다.

마치 나를 포함한 방 전체가 한 덩어리의 여름이 되어 버릴 때면
시간은 어디서부터 흘러나오는 것일까.

다만 숨을 쉴 때마다 폐 안쪽까지 눌러 오는 묵직한 무게가
나를 조용히 붙잡고 있을 뿐이다.

이곳에서의 시간은 흐르는 것이 아니라
낡은 손바닥처럼 지그시 눌러 앉아 있다.

더 이상 깊게 들이마실 필요도 없게 만드는,
숨조차 얕아져도 괜찮다고 말하는 듯한 포즈.

한 번도 뛰어오르지 못한 청색 개구리처럼
올해 여름도 늘 준비만 했다.

팽팽하게 모은 다리 근육을 풀지 않은 채로
이 방은 도약을 미루는 법을 알고 있었다.

▣ 디지털 포엠 제작 방법

gen3로 사진과 영상을 제작하였다. 영상과 시는 분리하여 게시하였다. 영상에서는 구석이 푸른 잎으로 뒤덮이고 뜨겁게 타오르는 이미지를 구현했다.

우리는 섬망처럼 반지하의 밤 속을 떠다니다가

어릴 적 살던 반지하에 뜨는 해는
밝지 않는 대신
가족들의 숨을 조금씩 태웠다

우리는 각자 산소호흡기를 끼고
해가 태우지 못한 숨으로 연명하면서
빛을 발견했다

숨을 쉬면서 우리는
섬망처럼 반지하의 밤 속을 떠다니다가
스스로에게만 들켰다

우리는 얼굴의 굴을 최대한 깊게 파서
각자의 빛을 숨겼지만

오래 웃다가 쓸쓸하게 흘러나온 빛이
초경처럼 얼굴에서 지워지지 않았다

지워지지 않는 빛을 빨 듯이
오래 무표정을 짓기도 했다

{} 시작 노트

사진을 찍을 때마다 짓는 미소는 어딘가 어긋나는 느낌이 든다.

나는 최대한 얼굴의 굴을 깊게 파듯 턱을 숙이고, 입꼬리를 약간 올렸다.
얼굴의 굴속으로 빛이 드나들지 않기를 바라면서.

"찰칵".
그 순간 아마 오래 웃다가 지어낸 쓸쓸함과 빛이 섞여 버렸는지 모른다.

그날의 표정은 초경처럼 얼굴에 남아
무표정을 지어도 지워지지 않는다.

▣ 디지털 포엠 제작 방법

gen3로 사진과 영상을 제작하였다. 영상과 시는 분리하여 게시하였다. 영상에서는 반지하 속에서도 순수했던 몸짓을 병아리로 표현하였으며 병아리의 모험을 이미지로 구현했다.

토끼풀

잎은 멀미를 겪는다
울렁일 때 피어오르기 때문이다

잎을 자세히 보면
토끼가 잎의 중력인 푸름으로부터 뛰어오르다 주저앉은 자국이 있다

그래도 끊임없이 뛰어오르며 새하얘지는 토끼

식물의 속도는 토끼의 수많은 주저함을
우리로부터 숨기는 기술이다

어느새 피어난 꽃은 현실 밖에서 현실 속으로 얼굴을 들이민 표정 같고

토끼가 뛰어간다, 반짝이듯이

{} 시작 노트

며칠 전, 창가 화분 앞에 멈춰 섰다. 거의 일주일을 지켜보았던 식물의 새잎이 어느 순간 펼쳐져 있었다.

잎끝을 오래 지켜보면 미세한 흔들림이 남아 있었다.
어쩌면 식물은 토끼처럼 수없이 주저앉았다가 다시 뛰어오르는 생명이라는 생각.

다만, 식물은 그 모든 주저함을 완벽히 숨겨 버린다.
마치 한 번도 주저하지 않았다는 듯이 완전히 펼쳐진 잎의 표정으로만 우리 앞에 서 있는 것이다.

▣ 디지털 포엠 제작 방법

gen3로 사진과 영상을 제작하였다. 영상과 시는 분리하여 게시하였다. 영상에서는 잎과 토끼 사이의 존재를 이미지로 구현했다.

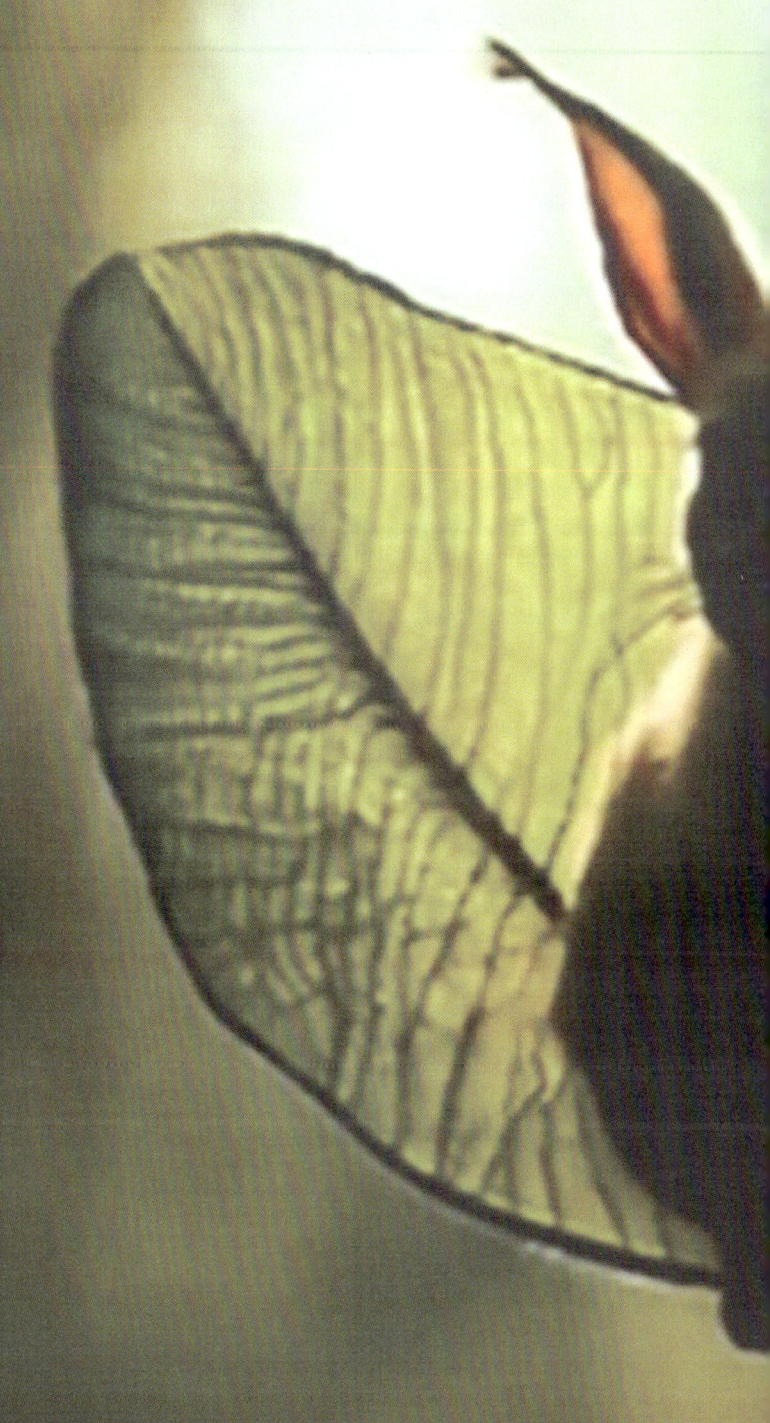

그 즘 되면 몸 밖이 모두 창문이다

가만히 앉아 있는 시간이 늘어날수록
거대한 지평선이 다가온다

그 즘 되면 몸 밖이 모두 창문이다

나는 모든 창문을 활짝 열고
지평선을 더욱 자세히 보기 위해
달팽이 얼굴처럼 마음을 내밀어 보지만

바람은 가만히 앉아 있는 나의 어느 부분을
세심하게 흔들어 보다가 지워 내고
그곳에 실처럼 얇은 다리를 지어 놓는 것이다

보이지 않는 지평선을 향해 걷는다는 건
기도처럼 간절해야 된다는 듯이

🈁 시작 노트

오래 앉아 있으니 창문 밖의 풍경이 이상하게 가까워졌다.
나는 달팽이처럼 마음을 살짝 내밀어 보았다.

내 몸 어딘가에서 불어오는 듯한 바람.
바람은 가만히 앉아 있는 나의 민감한 부분을 조심스럽게 흔들어 보다가
실 같은 다리를 지어 놓는다.

그러한 다리로는 걸을 수 없지만
걷고 있다는 착각이 이번 생을 간절하게 만들었다.

◾ 디지털 포엠 제작 방법

gen3로 사진과 영상을 제작하였다. 영상과 시는 분리하여 게시하였다. 영상에서는 달팽이가 달팽이 집을 버리고 부드러운 살로 기어다니는 이미지를 구현했다.

최첨단의 사랑

눈물을 참기 위해 숨을 참으면

눈물과 숨이 섞인 헛배가 점점 부풀어 올라

나를 공중으로 들어 올린다, 티 나지 않게

나는 아무리 날아도 제자리인 공중에서

더욱 깊숙이 하늘에 박혔다

조금 더 깊이, 조금 더 깊이

철을 찾아가는 새의 속도는 더딜수록 예리해서

초저속에서만 볼 수 있는 무표정의 변화는

우리가 키우는 새의 비행술이었다

서로의 새를 정확히 맞이하기 위해

우리는 치열하게 주저했다

{} 시작 노트

 너와 처음으로 단둘이 앉는 기회가 있었다. 서로 아무 말도 하지 않았지만 서로가 서로의 숨소리를 의식하고 있는 걸 알아차릴 수 있었다. 숨을 조절하는 동안, 숨과 침묵이 뒤섞인 헛배가 천천히 부풀어 올랐다. 나는 아무도 모르게 공중으로 떠올랐다. 무표정은 그대로였지만 그 무표정 속에서 아주 느리게, 초저속으로만 감지되는 변화가 일어나고 있었다. 나는 알았다. 그것이 우리가 키우고 있는 새의 비행술이라는 것을. 서로의 속도를 최대한 늦추고 천천히, 서로에게 박혀 드는 연습. 서로의 새를 정확히 맞이하기 위해 우리는 끝내 아무 말도 하지 않고 치열하게 주저하는 중이었다.

▪ 디지털 포엠 제작 방법

 gen3로 사진과 영상을 제작하였다. 영상과 시는 분리하여 게시하였다. 영상에서는 정지한 돌과 물고기의 움직임을 합친 존재가 새로 날아가는 이미지를 구현했다.

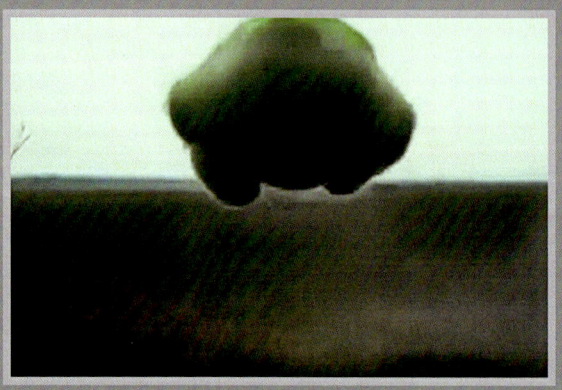

삼십 도 기울어진 자세

집 앞에 서 있는 전봇대는
처음부터 기울어져 있었다

태풍이 지나가고 비바람이 쏟아져도
기울어진 각도를 흔들림 없이 유지하는 전봇대는
이곳과는 다른 하늘을 가지고 있었던 것이다

나는 전봇대가 바라보는 하늘을
잠시 따라 보다가
삼십 도 기울어진 땅 위에서
한 발로 멈춰 섰다

'이토록 경쾌하게, 넘어질 것처럼 걸을 수 있다니'

이곳의 하늘을 공유한 사람들은
곧 자빠질 캥거루처럼
한 발로 폴짝 폴짝 뛰어다녔다

쏟아질 것 같은 영혼의 무게를
정교하게 출렁이며

우리는 잠기는 일과 떠오르는 일의 균형을
삼십 도 기울어진 자세로 이해했다

〔〕 시작 노트

 내가 늘 걷는 출근길에는 비탈길이 있다. 그날따라 햇빛까지 기울어져 들어오고 있었다. 나는 잠시 걸음을 멈추고 앞에 있는 전봇대를 바라봤다. 언덕을 따라 지어진 전봇대는 묵묵히, 그러나 약간 비스듬하게 서 있었다. 전봇대가 바라보는 하늘을 따라 나도 고개를 기울였다. 그건 내가 알던 하늘과 조금 다른 각도의 하늘이었다. 아주 약간 비탈진 하늘 아래에서 우리는 모두 넘어질 듯한 무게로 걷고 있었다. 넘어질 것 같지만 경쾌한 방식으로 무게를 리듬처럼 조정하는 게 이곳 사람들의 걷는 법이었다.

▪ 디지털 포엠 제작 방법

 gen3로 사진과 영상을 제작하였다. 영상과 시는 분리하여 게시하였다. 영상에서는 한 발로 뛰어가는 비정형적인 존재를 이미지를 구현했다.

기린이 서서 잠이 드는 밤에

기린의 머리에 자란 초록 이파리는
바람도 없이 흔들릴 줄 알아서
나는 처음에 그것이 방황인 줄 알았다

초록 이파리는 춤을 추듯 느리게 흔들리다가
정말 바람이 불자 어느덧 정지하고
뿔을 연기한다

기린은 초록 이파리의 무게를 느끼지 못하지만
왜 기린이 절벽 앞에 다다랐는지는 초록 이파리만 알고

가을이 지나도 초록 이파리가
초록을 잃지 않을 때
기린은 의심한다

초록 이파리가 흔들리는 기분을
방황과 구분할 수 있나
머리 꼭대기까지 기어 올라간 개미들이
허공에서 춤추는 계절을 보았는가
새떼들이 머리와 머리 사이를 횡단하는 순간마다 노을이 져도
여전히 초록인 작은 하늘을 무엇으로 불러야 하나

기린이 서서 잠이 드는 밤에

◻ 시작 노트

어디로 가고 있는지도 모르면서 이상하게 뭔가에 이끌려 계속 직진할 때가 있다. 그러다 문득 길이 끝나는 지점에서 내가 왜 여기에 와 있는지 모른다는 것을 깨닫는 순간, 나는 내 몸에 달린 보이지 않는 '초록 이파리' 같은 것을 떠올린다. 아무 무게도 느껴지지 않고 의식조차 하지 않던, 어딘가에 달린 그것이 나를 이곳 끝까지 데려왔다는 것을. 나는 식물의 끝이 바람에 살짝 흔들리고 있다는 기분을 방황과 구분하기로 했다.

▪ 디지털 포엠 제작 방법

gen3로 사진과 영상을 제작하였다. 영상과 시는 분리하여 게시하였다. 영상에서는 절벽에 다다른 기린의 머리에 초록 이파리가 자라난 이미지를 구현했다.

서랍 속으로 추락할 수 있을 만큼

닫힌 서랍을 열며 노는 아이는
서랍을 열수록 자신이 꿈꾸는 세계가 닫히는 줄 모르고

제풀에 지쳐 오후 햇살을 받으며 자고 있다
비로소 자신이 서랍이 되어
그토록 찾고 있던 것을 품고 있다는 듯이

자는 아이를 깨우는 일이
못 보던 서랍을 여는 순간 같을 때
나는 나의 어느 세계가 닫히기를 원하나

이곳의 고단하고 평온하게 잠든 이들을 깨우면서
나는 어디까지 나의 세계를 닫을 수 있나

끝내 열어 내지 못한 서랍을 위해 신을 믿어 보고
신을 배신하기 위해 모든 서랍을 열었다고 믿어 보는
허무맹랑한 미신을 지나오면

내가 열었던 서랍이 절벽으로 자라나 있다
서랍 속으로 추락할 수 있을 만큼
비로소 나는 아이보다 훨씬 작고 명랑해져 있었다

{} 시작 노트

예전에는 내가 커져야 한다고 생각했다. 좀 더 무겁고, 단단하고, 누구에게도 흔들리지 않을 만큼 큰사람이 되고 싶었다. 그러나 나이를 먹으면 먹을수록 나는 작아지고 있었다. 그리고 작아졌다는 걸 인정할 수 있게 된 늦은 명랑함이 좋아졌다. 작은 웃음, 작은 눈짓, 작은 손짓. 이 모든 것을 알아차릴 수 있는 그대만 있다면. 적어도 나에게 사랑은 자꾸 내 속으로 접히는 나를 조심스럽게 펴주는 일이었다. 마치 비밀 편지처럼.

▣ 디지털 포엠 제작 방법

gen3로 사진과 영상을 제작하였다. 영상과 시는 분리하여 게시하였다. 영상에서는 원숭이가 서랍 속으로 뛰어드는 모험을 이미지로 구현했다.

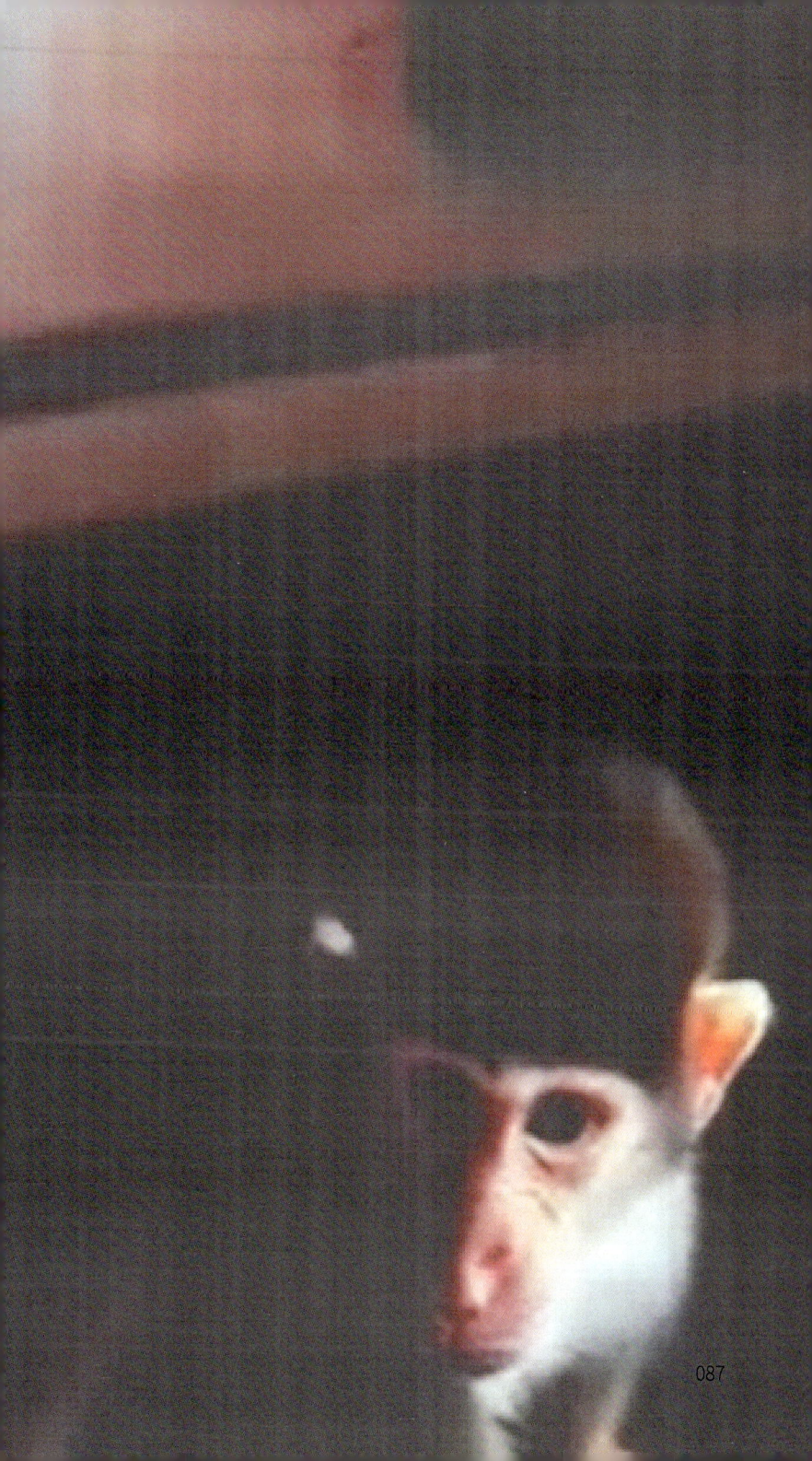

가시는 나무 의자의 부리입니까

눈밭 위에 타들어 가는 나무 의자가 놓여 있습니다
나무가 탈수록 가시가 자라납니다, 아니 가시 같은 의자가 남습니다, 아니 의자 같은 가시가 드러납니다

가시는 나무 의자의 부리입니까
가시는 오랫동안 말을 하지 못한 입술 같습니다
왜 입술은 가지런한 의자 같습니까

타들어 가는 의자로 말을 연습할까요
돌멩이가 비저럼 내립니다
견고하게 쌓이는 돌멩이를 흡수할 수 있습니까
깜깜한 밤하늘은 그렇게 피워 낸 잎인가요

텅 빈 눈밭을 걷는 일이 타들어 가는 의자입니까
점점 가시만 남는 나는 나무였습니까

{ } 시작 노트

　오래된 나무 의자가 어딘가 뻣뻣한 결을 드러내고 있었다. 마치 몸 전체로 가시의 기운을 만들어 내듯이. 나무는 이제 더 이상 따뜻한 물성을 품지 않았고 그 표면을 따라 손끝을 미끄러뜨리면 조용히, 그러나 확실히 무언가를 밀어내는 감각이 전해졌다. 가시가 아니라 가시가 되고 싶어 하는 나무 같았다. 앉지 말라고 앉을 생각을 하지 말라고 온몸으로 신호를 보내는 의자. 나는 그 앞에 멈춰 섰다. 그것은 분명 의자였지만 그저 가시의 형태로 앉아 있는 무언가 같았다. 가시 같다는 건 가시가 아니었다. 의자 같다는 건 의자가 아니듯이. 그런데도 그건 여전히 의자였고 가시였다. 나는 앉지 않고 그저 오래 바라보고 있을 수밖에 없었다.

■ 디지털 포엠 제작 방법

　gen3로 사진과 영상을 제작하였다. 영상과 시는 분리하여 게시하였다. 영상에서는 의자와 가시를 뒤섞어서 이미지를 구현했다.

여전히 한 방향으로만 돌면서 민들레 꽃씨는 가까스로 허상이 되어 갔다

집에 들어온 민들레 꽃씨가
한 방향으로만, 한 방향으로만 돈다

나는 입으로 바람을 불며
그것의 방향을 바꾸어 보지만

여전히 한 방향으로만 돌면서
민들레 꽃씨는 가까스로 허상이 되어 가는 것이다

이런 날의 아침은
한 방항으로 돌아가듯이 스며들다가
불쑥 등장하곤 한다

방향을 잃은 곳에서도
온 세상이 한 방향으로만 돌아간다는 건
피어날 수밖에 없었던 민들레꽃을
그해 봄에도 피어나게 하는 것

정신을 차려 보면 똑같은 민들레꽃이지만
방향을 잃는 순간마다
기어코 찾아낸 민들레꽃이었다는 것

☿ 시작 노트

　겨울 내내 문을 닫고 지낸 공터였는데 그곳엔 올해도 어김없이 작년과 같은 자리에 민들레가 피어 있었다. 마치 내가 멈춰 있던 동안에도 공터는 쉬지 않고 한 방향으로만 흐르고 있었던 것 같았다. 내가 방향을 잃고 지낸 시간 동안에도 결국 그 시간 끝에서 민들레는 마치 다시 피어났다는 듯이 피어나 있었다.

▪ 디지털 포엠 제작 방법

　gen3로 사진과 영상을 제작하였다. 영상과 시는 분리하여 게시하였다. 영상에서는 거대한 민들레 꽃씨가 회전하는 이미지를 구현했다.

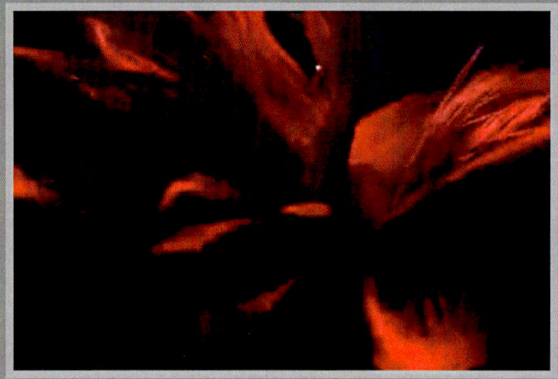

수천 개의 지느러미가 온몸에

수천 개의 지느러미가 온몸에 돋아나요

각자의 방향을 향해 살랑이는 지느러미는
초겨울의 입김인가요

사라질 때까지 방향이 있고
방향이 있어서 사라지죠

이러한 지느러미가 끝이질 않아서
새 한 마리가 제 봄속을 맴맴 돌고

어느덧 나는 오직 새 한 마리만 날아다니는 새하얀 창공입니다

한없이 골목을 옮겨 다니면
새가 잠시 검지에 내려앉습니다

검지는 새 한 마리를 정착시킬 수 있는 죽음입니까

수천 개의 지느러미가 싸락눈 날리듯이
살랑이는 계절에
저는 따뜻한 옷을 준비해야 할까요
검지의 관을 준비해야 할까요

수천 개의 지느러미 속에서 새 한 마리는

맴맴 도는 연기력이 늘어 갑니다
천천히 추락하는 속도감을 혹은
스르르 감긴 눈 위로 강하게 내리쬐는 햇살의 무게를

{} 시작 노트

 그날의 낮잠은 내 안의 무언가가 천천히 추락하는 속도를 조용히 연습하고 있었다. 나는 눈을 뜨지 않았고, 햇살의 무게 속에서 나를 놓치는 의식을 그대로 받아들였다. 호흡과 심장 박동이 알 수 없는 표정처럼 몰려왔다. 그건 마치 한 방향으로만 돌아가는 선풍기 같았으며 아무 힘도 쓰지 못하게 하는 주술이었다. 나는 같은 문장을 낮게 읊조리는 소리처럼 끝나지 않는 꿈이었다.

▪ 디지털 포엠 제작 방법

 gen3로 사진과 영상을 제작하였다. 영상과 시는 분리하여 게시하였다. 영상에서는 고요한 물고기가 새처럼 날아다니다가 죽어가는 이미지를 구현했다.

우리는 온통 창문인 곳에 떨어졌어요.

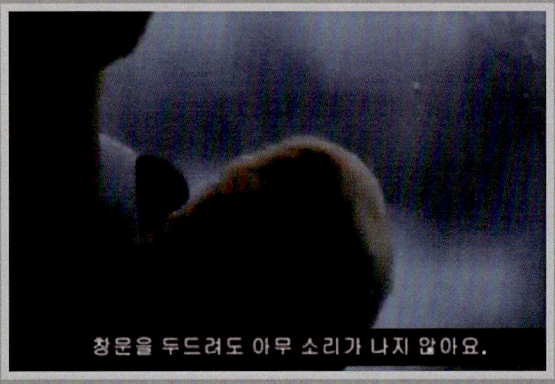
창문을 두드려도 아무 소리가 나지 않아요.

창문을 통과한다는 건 창문으로 빠져드는

온통 창문인 이곳에

 온통 창문인 이곳에 사는 우리는 창문의 용도를 모릅니다
 창문을 두드려도 아무 소리가 나지 않습니다
 창문을 바라보거나 닦아 본 적도 없습니다
 뿌연 표면에 손가락을 댔다가 며칠간 손가락을 펴지 못한 적도 있습니다
 창문은 도대체 무엇입니까

 우리는 창문으로부터 태어나야 한다는 직감이 들었습니다
 동생은 용감하게 창문 쪽으로 고개를 밀어 넣습니다
 이제 창문은 동생의 얼굴을 하고 우리를 쳐다봅니다
 동생은 끝까지 창문으로 몸을 밀어 넣다가 결국 사라집니다
 창문을 통과한다는 건 창문으로 빠져드는 일입니까
 온통 창문인 이곳은 지금까지 아무 일도 일어나지 않았으니 안전합니까

 어느덧 우리는 창문의 깊이를 믿습니다
 가끔 집 안을 기어다니는 벌레가 창문 속으로 들어갔다가 아무렇지 않게 나오는 것을 보았습니다
 구석의 어둠과 키를 맞추면 창문으로부터 자유로울 수 있나요
 빵이 썩어 가면서 창문을 만드는 현상을 이해할 수 있나요

전등이 나간 방이 창문이 되어 가는 동안
끝이 보이지 않습니다 모서리가 녹아 버렸다는 듯이
창문은 곡선으로 완성됩니다
고개를 숙이거나 무릎을 안고 자는 날에는
열어 내거나 닫는 일에 익숙해져야 하지요

당신은 창문을 안아 준 적이 있습니까
모든 것을 열어 내듯 이내 닫아 버리는 변덕에 대해
다행이라고

온통 창문인 이곳에 사는 동안

{} 시작 노트

늦은 저녁, 무릎을 안고 앉은 채 창문을 오래 바라보면, 창문은 빛을 들여오는 통로라기보다 동물 같다는 생각이 든다. 모서리라고 생각했던 곳들은 점점 선명하지 않게 흐려지면서 창문은 열리지도, 닫히지도 않는 변덕스러운 리듬으로 자신이 창문이길 거부한다. 이러한 창문은 내가 꼭 껴안아야 할 존재처럼 불안해 보인다. 창문을 안을 수 있는 사람만이 창문을 조용히 잊을 수 있을 것 같았다.

▪ 디지털 포엠 제작 방법

gen3로 사진과 영상을 제작하였다. 영상과 시를 하나로 엮어 게시하였다. 시의 내용을 축자적으로 따라가며 이미지를 만들었다.

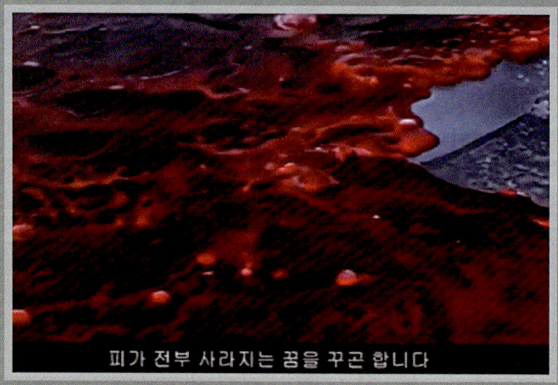

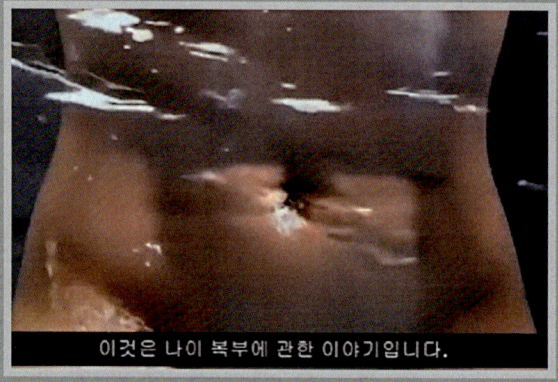

복부에게 점령당하고

창백한 웅덩이가 겨울처럼 깊어갑니다

그곳에 빠져드는 속도가 하얗게 느껴질 때까지
피가 전부 사라지는 꿈을 꾸곤 합니다

이것은 나의 복부에 관한 이야기입니다
나이가 들수록 늘어지고 거대해지는 살덩이는 왜 새하얘지는 것일까요

무해하고 순수하다는 듯이
아무것도 모르는 표정은 소화가 되지 않습니다

이 백지는
어느 누구의 복부가 소화하지 못한 내시경입니까
구름 한 점 없는 하늘을 횡단하는 새의 본능이 용기입니까
백지를 찢어발기는 분노가 출구입니까

새하얀 하늘을 떠다니는 새하얀 구름은 외계일까요
거대해지는 살덩이는 무해해서
그토록 새를 자유롭게 날려 보낼 수 있었습니까
그 새는 당신에게 노래를 들려주었던가요

눈 없이 태어난 이가 빛을 믿는 것을 보면서 알았습니다

복부가 얼마나 무해하고 고요하게 새하얀 평화를 전파하
는지

늘어진 살덩이를 느리게 펄럭이면서

◻ 시작 노트

나는 무언가를 할 기운도 없이 의자에 등을 대고 그냥 누워 있었다. 창문 너머 햇빛이 복부 위로 얹히듯 쏟아졌다. 배가 부르고, 뭔가 더 소화될 것도 없이 그저 뽀얀 살덩이만이 천천히 오르락내리락하는 걸 바라보았다. 나는 아무 생각도 하지 않았지만 그 순간만큼은 이상하게 살아 있다는 느낌이 조금 선명했다. 살덩이는 무언가를 하려 하지 않았고, 스스로를 변명하지도 않았다. 복부는 늘어진 살덩이를 느리게 펄럭이며 그 자체로 무해하고 고요한 평화를 몸 밖으로 전파하고 있었다. 아무것도 증명하지 않아도 그저 존재하는 것만으로 그것은 세상에 무언가를 조용히 흘려보내고 있었다.

■ 디지털 포엠 제작 방법

gen3로 사진과 영상을 제작하였다. 영상과 시를 하나로 엮어 게시하였다. 시의 내용을 축자적으로 따라가며 이미지를 만들었다.

눈을 감고 머무는 일

눈을 감고 서 있다

딛고 있는 땅이 고도와 수평을 잃고
현기증을 앓는 섬이 될 때까지

동그랗고 매끄러운 돌멩이가 정지할 수 있는 이유는
자신에게 맞는 섬을 찾았기 때문이고

나는 동그랗고 매끄러운 돌멩이를 바라볼 수 있을 뿐
함께 할 수 없다

혹은 창틀에 말라비틀어진 채 부드러운 입김에도 흔들리는 날파리가
자신의 섬을 끝내 버티는 동안에도
나는 날벌레가 비행하고 있다는 것을 의심해 본 적이 없다

결국 눈을 감고 머무는 일은 자신의 허공과 마주하는 사건이다

나는 눈을 감고
너를 만나고
학교에 있으며
시를 쓴다

방향 감각이 없는 하등동물의 능력처럼
오늘 하루가 부풀어 오르는 것에 순응하면서

이윽고 눈을 뜨면 몇 걸음 떨어진 곳에 서 있는 나를
내가 발견하는 혼자만의 숨바꼭질을 즐기는 것이다

〔〕 시작 노트

 가만히 서서 눈을 감고 귀를 막는다. 소음이 사라질 줄 알았는데 오히려 더 크게 울리는 것들이 있었다. 내 안에서만 들리는 알 수 없는 소리들. 내 호흡인지, 심장인지, 아니면 그저 허공이 메아리치는 소리인지 모를 웅웅거림이 퍼졌다. 나는 그때 알게 되었다. 눈을 감고 멈춰 선다는 건 자신의 허공과 마주하게 되는 사건이라는 것을. 그것은 그저 내가 멈춰 서야만 마주할 수 있는 빈 형태였다. 눈을 감고 있던 그 몇 초 동안 나는 내가 내 안의 빈 공간을 따라 떠돌고 있다는 걸 처음으로 인정할 수 있었다.

▪ 디지털 포엠 제작 방법

 gen3로 사진과 영상을 제작하였다. 영상과 시는 분리하여 게시하였다. 영상에서는 학이 자신의 허공에서 벗어나려는 모습을 이미지로 구현했다.

하삼동 2번지 거리의 끝

하삼동 2번지 거리의 끝에는 거대한 벽이 있다는 것을 알면서도
사람들은 그 거리의 끝까지 걸어가 벽을 마주한다

그들은 각자 자신만의 벽을 상상하며 걷다가
실제로 벽을 마주하면 웃기도 하고, 놀라거나 실망하기도 하지만

그곳에서는 기념사진을 찍을 수 없으며
매번 다른 벽을 마주한다는 소문이 있나

벽을 마주하면 하삼동 2번지 거리의 끝이 우주로 이어지고
달력의 숫자가 사라지며 표정이 증발한다는 소문에 반한 사람들은
하삼동 2번지 거리의 끝에 도달할 때까지 오늘의 날짜와 수많은 기억에 시달리고

나무가 전염병으로 죽어 가는 속도를
하삼동 2번지 거리의 벽은 당신의 바로 눈앞에 있거나 멀리 사라지기를 반복하면서 연주하기도 한다
이곳이 지워지는 현상이 음악이 될 때까지
아무것도 없다는 믿음을 주는 벽만 남을 때까지

거리를 걷고 있어도 걷고 있다는 사실을 잊고

다리의 감각도 사라져서
공중에서 부유하는 종이비행기 같을 때까지

하삼동 2번지 거리의 끝에 있는 벽은 종이비행기의 상공으로 통하는 관문 같고
벽을 마주한 사람이 다시 하삼동 2번지의 거리를 되돌아가는 동안

백 년, 혹은 몇천 년이 흘렀다는 사실을 증명할 수 있는 건 바람의 높낮이나 심장박동의 미세한 차이일 뿐이며
나비가 조금 천천히 날거나 조금 낮게 나는 장면이 포착되는 우연이
생소하지만 자연스러울 뿐

하삼동 2번지 거리의 끝에서 벽을 마주한 사람은 있지만
벽을 본 사람은 아무도 없다

{} 시작 노트

그날, 나는 거리의 끝까지 걸어갔다. 길이 끝난다는 느낌 속에서 한 걸음 한 걸음 걷는 그곳은 길과 벽 사이를 억지로 늘려 놓은 우주 같았다. 바닥은 여전히 이어지고 있었지만 더는 앞으로 나아가지 않는 감각은 무중력과 유사했다. 그 과정 속에서도 결국 마주한 것은 벽이었다. 그러나 그 벽은 눈에 보이지 않았다. 나는 단지 멈춰 선 나를 보았을 뿐이다.

▪ 디지털 포엠 제작 방법

gen3로 사진과 영상을 제작하였다. 영상과 시는 분리하여 게시하였다. 영상에서는 비행기가 끊임없이 벽이 없는 길을 돌고 도는 이미지를 구현했다.

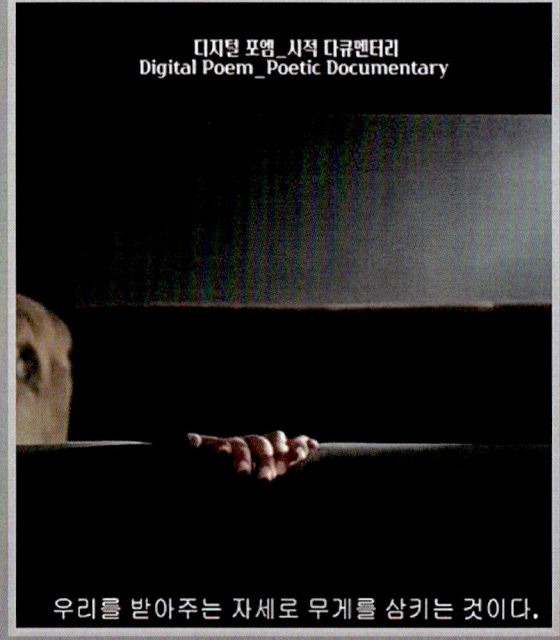

가끔 소파에 앉을 때

소파의 조직은 살아 있는 피부처럼
접촉에 따라 유기적으로 반응한다

우리를 받아 주는 자세로 무게를 삼키는 것이다

중력을 잃은 몸
형태를 잃은 경계

우리는 앉아 있는가, 삼켜지고 있는가
우리는 여기에 있다가
어디에도 없다가

소파는 점점 부드러워진다
피부보다 더, 숨보다 더
조명이 천천히 꺼지며 무대를 점령하듯이
빛까지 빨아들이며

자신의 우주를 오래도록 바라보기 위해
우리는 이윽고 소파가 되어 간다

가끔 소파에 앉을 때 먼지가 훅 올라오면서
누군가의 우주가 흔적처럼 떠오르기도 한다

{} 시작 노트

 아무 생각 없이 오래된 소파에 풀썩 앉는 순간, 오래 머물던 먼지가 훅 올라왔다.
 특별한 냄새도 없었는데, 그게 누군가의 오래된 숨결 같다고 문득 생각했다. 그 먼지는 누군가가 그곳에서 자신의 우주를 오래도록 바라보던 흔적이었을지도 모른다. 그 먼지 속에 앉아 있으면 그 사람의 시간을 잠깐 훔쳐본 것 같은 기분이 들기도 한다.

▣ 디지털 포엠 제작 방법

 gen3로 사진과 영상을 제작하였다. 영상과 시는 분리하여 게시하였다. 영상에서는 다큐멘터리 형식의 자막을 넣었으며 사람이 소파의 어둠 속으로 사라지는 이미지를 구현하였다.

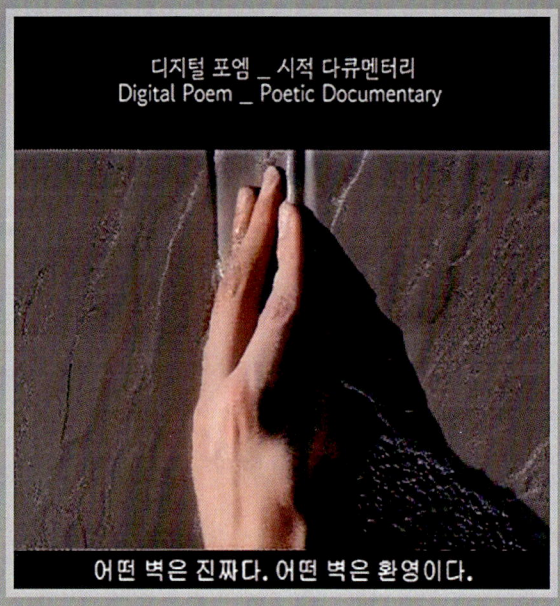

고체의 밤을 끝까지 응시하면서

문득 모든 것이 멈춘 것처럼 느껴지는 순간이 있다

숨을 쉬지만, 점차 공기가 무거워지고
시계 초침 소리가 이곳에 박히는 고체의 밤을
우리는 얼마나 견뎌 낼 수 있을까

어제와 다를 바 없는 이 공간이
돌덩이가 되어 가는 현상에 대해
나는 보이지 않는 무게감을 생각한다

모두가 걸어가는 도시의 전경 속에서
한 사람만 멈추어 설 때 드러나는 중력과
친구들과 웃고 떠들다가
집에 돌아오면 밀려오는 공허한 기후

이 모든 순간은 우리가 각자의 행성에 여전히 머물기 때문이다

그곳에서 홀로 견디어 냈던 자전과 현기증으로
나는 거울 속 나보다 먼저 움직이고
창밖을 바라보는데 창문이 점점 사라진다
나만의 속도는 나와 나의 밀애를 즐기는 방식이다

고체의 밤, 아무것도 변한 것 없이

조명이 불현듯 깜빡이고 물이 팔팔 끓어오르고
이러한 움직임이 움직임으로 느껴지지 않을 때

촘촘한 분자들을 뚫고 고체의 틈과 압력 사이에서
숨을 천천히 들이쉬고 내뱉는 법을 깨닫는 나에게
나는 하릴없이 끌릴 때가 있다

나는 정말 존재하는가?
착각이 드는 순간에도
고체의 밤을 끝까지 응시하면서

{} 시작 노트

 마침내 나 혼자 멈춰 선 순간, 나는 비로소 나만의 작은 행성에 갇혀서 스스로 만든 중력에 조용히 포위된 자신을 발견했다. 나는 아무 말 없이 자전하고 있었다. 세상과 어긋나는 이 느린 속도는 내가 나에게 건네는 가장 은밀한 접촉이었다. 이러한 포옹은 서두르지도 풀어지지도 않는 느린 궤도였고, 나는 그 안에서 한없이 부드럽게 돌고 또 돌았다. 미세한 흔들림에 몸을 기댈 수 있다는 듯이, 조용히 벗어 둔 신발 옆에 서서 한동안 그대로 서 있기도 했다.

■ 디지털 포엠 제작 방법

 gen3로 사진과 영상을 제작하였다. 영상과 시는 분리하여 게시하였다. 영상에서는 다큐멘터리 형식의 자막을 넣었으며 돌 속의 또 다른 나를 이미지로 구현했다.

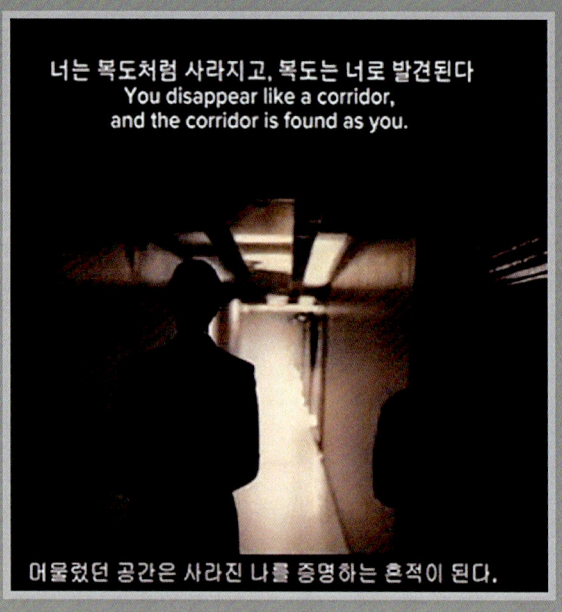

너는 복도처럼 사라지고 복도는 너로 발견된다

귀에 맴도는 음악처럼
잔상이 복도에서 사라지지 않는다

이로써 네가 떠난 이후
이곳의 질량은 증가한 것이다

잔상은 같은 곳에 있는 흉내를 내며
조금씩 이동한다

문 앞에서 문 옆으로, 정면에서 옆면으로
이러한 이동을 우리의 성장으로 볼 수 있을까

잔상이 불현듯 복도에서 사라진 대신
매일 사용하는 컵이 무거워지고
햇빛의 농도가 탁해지는 방법으로
너는 복도의 가능성을 실험한다

a에서 b로 이동한다는 것
이 둘을 이은 선분은 곡선일까, 직선일까

지하철 창문에 반사된 사람들의 시선들이 교차하고
벤치에 앉아 있는 노인이 그 옆을 지나가는 행인을 기억하는 몇 초 동안

카페에서 등을 맞대고 앉아 있는 사람과의 체온 차이를 구하시오
이러한 방정식을 선분으로 풀 수 있을까

골목에서 혼자 걷는 사람의 뒷모습이 거실에서 서성이고
신호등의 붉은빛이 내 얼굴과 중첩되는 궤적을 도는 나는
정작 나의 그림자와는 겹쳐지지 않고

마치 지평선을 향해 끝임없이 걸어가는 꿈을 꾸었다,
아니 꾸고 있는가
걸어도 줄지 않는 거리를 뱅뱅 돌 듯이

직선이 곡선이 되고 곡선이 직선이 되는
복도는 너로 발견되고
너는 복도를 남긴 채 사라지고

🗒 시작 노트

   그 향기는 분명 오래전에 사라진 줄 알았지만 내 주변을 빙글빙글 돌며 문 옆으로, 창가 쪽으로 조금씩 그 자리를 옮긴다. 사라지지 않고 조금씩 이동하는 것. 나는 그걸 잔상이라고 부르고 그 잔상이 흉내 내는 이동을 나의 성장이라고 믿어 보기로 했다. 떠나간 것은 흔적을 남기지 않는 법이라고 생각했지만, 그것은 늘 같은 자리에 머무는 척하면서 조금씩, 아주 조금씩 다른 위치로 나를 이끌고 있었던 것이다.

◼ 디지털 포엠 제작 방법

   gen3로 사진과 영상을 제작하였다. 영상과 시는 분리하여 게시하였다. 영상에서는 다큐멘터리 형식의 자막을 넣었으며 밝은 복도로 끝없이 이동하는 모호한 그림자를 형상화했다.

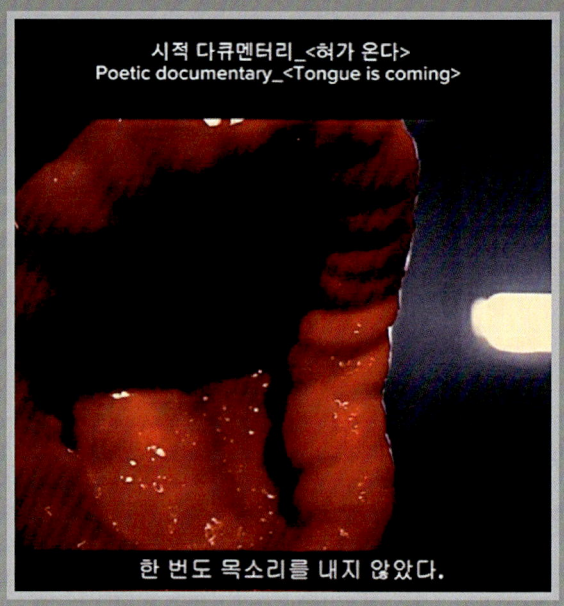

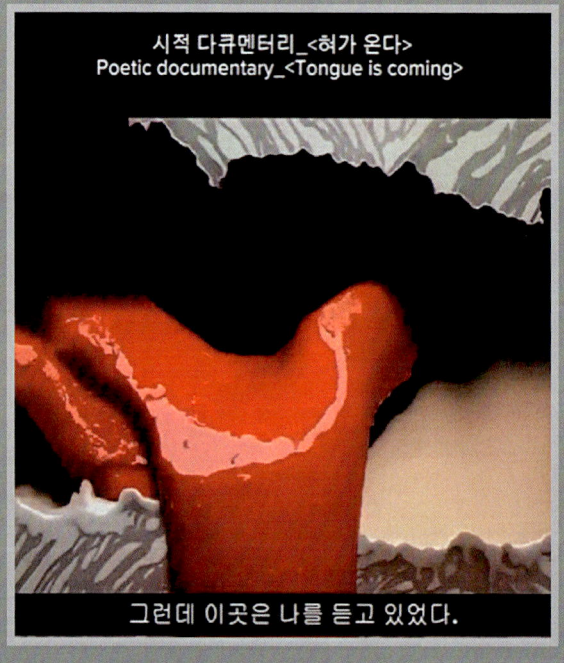

혀가 온다

창문 틈으로 스며드는 잿빛
눈이 뜨였지만 나는 여전히 자고 있는 것같이
이곳의 새벽이 믿겨졌다

나는 이물감처럼 이곳에 놓여 있고
이물감을 느끼는 건 내가 아니다

삼켜지거나 토해져야만 한다는 듯이
이곳의 새벽은 축축한 소리를 내다가
점차 날카로운 빛으로 돌기 같은 나를 추궁하고 관찰한다

나는 부드러워지고 싶었다, 나는 매끄러워지고 싶었다

하지만 나는 태어나지도 않았고
그저 당신 속에 자라났을 뿐입니다

필요하지도 원하지도 않은 채
이곳의 일부처럼, 그러나 완전히 낯선 채로
나는 점점 커진다, 점점 솟아난다

커피가 입안을 적시지 못하고
텅 빈 속으로 스며들 때

나는 팽창하고 있었습니다

침대에서 천장을 오래 바라보면
공기주머니처럼 압박되는 내가 느껴지지 않습니까
유리에 비친 중년의 얼굴 밖으로 튀어나오기 위해 뒤틀린 적도 있습니다
왜 나를 모른 척하나요

"잘 지내?"
문자를 보내고 나서 곧바로 후회해도
잠시 후 핸드폰을 확인하면서 역시 아무 답변도 오지 않을 때

그래도 수많은 바람이 마치 나를 향해 불어오는 것 같지 않습니까
나에게 멈추는 바람이 없는데도 말입니다

솟아오른다는 건 한 달 전 웃고 있는 나의 사진을 보고
같이 따라 웃어 줄 때 천천히 스며드는 방향이지 않습니까

팽창할수록 이곳의 아침은 나를 믿지 않고
나는 도려낼 수 없는 이물감으로 아침이 믿겨지고

{} 시작 노트

 나는 몇 번이고 코끝을 가까이 가져가 냄새를 확인했다. 그럴수록 냄새는 더 멀어지는 것 같았다. 아니면 냄새는 그 자리에 있는데, 내 기억이 자꾸 다른 방향으로 미끄러지는 것일까. 결국 옷을 다시 개켜 넣으면서, 계속 이동 중인 그 냄새를 어딘가에서 다시 마주할 것 같다는 예감이 들었다. 그러한 만남은 서로가 솟아오르는 동작일 것이다.

▣ 디지털 포엠 제작 방법

gen3로 사진과 영상을 제작하였다. 영상과 시는 분리하여 게시하였다. 영상에서는 다큐멘터리 형식의 자막을 넣었으며 입속의 돌기가 변하는 이미지를 형상화했다.

오렌지가 흐르고 침엽수림은

바늘 같은 잎 사이에 자라난
오렌지를 본 적 있나요

서늘한 바람이 나무 사이를 지나갈 때
휘어지는 가지에 숨겨진 오렌지를 보고
사람들은 빛과 온기를 느끼지만

결국 오렌지는 떨어질 것이다
땅은 차갑고 침엽수림은 오렌지를 품어 주는 손이 없지

그래서 오렌지는 끝나지 않는다
천천히, 조용히 껍질이 갈라지고 과즙이 스며들고
씨앗이 보이지 않을 때까지
멀어지는 바람 소리

자신을 오렌지로 기억하는 유일한 오렌지가
여전히 어느 곳에 이르고 있는 겨울에는
거친 침엽수림을 관통하는 혈관 속으로
부드러운 오렌지가 흐르지

  모두가 웃고, 떠들며 말을 나눴다
  나는 그들 사이를 굴러다니는 오렌지처럼 혼자 질문을 한 적이 있다
  당신도 말할 차례를 기다리며 앉아 있나요?

이곳에 있다는 것을 인정받은 것만같이
모두가 나를 바라보았다

말해야 한다, 오렌지가 엘리베이터 문에 반쯤 끼어
다시 문이 열릴 때까지 기다리는 동안

불이 꺼진 극장 안이라도 우리는 자리를 찾아야 한다
몸을 앞으로 기울이고 둥글게 굴러가는 오렌지가 되어

뒤에 기다리는 사람들을 위해
익숙하지 않게 음료를 주문한다

이제 당신은 이 순간에 웃어야 할 것만 같은 차례이지 않습니까
오렌지들이 우르르 깔깔 굴러간다

침엽수림을 관통하는 오렌지 혈관 속에서는
뒤에 있는 승객에 밀려 모르는 역에 잠시 내릴 수도 있지

제대로 가고 있다고 믿었는데
창밖의 풍경이 낯설 때

이미 너무 많이 와버려서 어쩐지 오렌지는
좀 더 어느 곳으로 이르는 것을 멈추지 않는다

차가운 바늘 같은 잎 사이로 흘러가는 혈관을 타고

┃ 시작 노트

　음료 메뉴판을 한참 들여다보다가 가장 익숙하지 않은 것을 골랐다. 손끝으로 낯선 메뉴를 가리키는 순간, 내 목소리는 나보다 늦게 따라왔다. 주문을 마치고 나니 왠지 방향이 어긋난 느낌이 들었다. 사람들은 모두 자연스럽게 움직이고 있었는데 나는 조금 옆으로 밀린 자리에서 내가 시킨 무언가를 기다리고 있었다. 그때 문득 내 몸이 둥글다는 기분이 들었다. 나는 의자에 앉아 있는 것이 아니라 조금 기울어진 채 어딘가로 굴러갈 것 같았다. 한 번 기울어지면, 다시 멈출 때까지는 자연스러운 척할 수 없을 것 같았다.

■ 디지털 포엠 제작 방법

　gen3로 사진과 영상을 제작하였다. 영상과 시는 분리하여 게시하였다. 영상에서는 다큐멘터리 형식의 자막을 넣었으며 오렌지가 침엽수림을 굴러다니는 이미지를 형상화했다.

네가 떠나도
조용히 벽면에 남아 어딘가를 비추고 있는 일
Even if you leave,
you remain quietly on the wall and shine somewhere.

하지만 빛 그림자는 지금 가장 선명하다.

네가 떠나도
조용히 벽면에 남아 어딘가를 비추고 있는 일
Even if you leave,
you remain quietly on the wall and shine somewhere.

공간 어딘가를 맴돌며 흔적처럼 남아 있다.

반사광의 사랑

왜 반짝이는 것에 끌리는지 아니
거울의 반사광을 네 얼굴에 비추는 장난을 치며
나는 물었고

너는 눈을 감는다
반사광이 눈을 멀게 하는 함정에 빠지지 않겠다는 듯이

네가 일 초, 이 초, 삼 초
어둠을 연출하는 동안에도
반사광은 너의 눈꺼풀을 뚫고
다른 색을 입은 채 또렷해질 것이다

너는 떠도는 반사광만 볼 수 있는
네 어둠에 갇힌 것이다

반사광은 빛이 그림자가 된 것일까
그림자가 빛이 된 것일까
생각을 하다가

약속이 있었는데 어떤 약속이었는지
기억이 나지 않는 중에 "맞지?"하고 네가 묻는다

네가 무엇을 질문했는지 모른다는 것을
감추다가 아무렇지 않게 뜨거운 커피를

뜨거운지 모른 채 마시고 컵을 내려놓으며
내가 언제 커피를 시켰는지 까마득한 순간

유리창 너머로 보이는 사람들과 눈이 마주친다
망각에 의지하며 다정해지는 일
오래전에 걸으며 남겼던 나의 희미한 발자국 위로
자신의 발을 올려놓는 낯선 이의 장난처럼

네가 투명하다는 듯이
나는 너를 투과하고

어느덧 네가 떠나도
조용히 벽면에 남아 어딘가를 비추고 있는 일

🗒 시작 노트

햇빛이 강한 오후였다. 눈을 감아도 빛은 눈꺼풀을 뚫고 안쪽에서 색깔을 달리했다. 붉은색, 주황색, 때로는 이유를 알 수 없는 푸른 잔상들이 눈 감은 안쪽에 떠다녔다. 눈을 감고도 빛을 피하지 못하는 느낌이었다. 어둠을 만들려고 한 게 오히려 색을 만들어 냈다. 그 색들은 고요하지 않았다. 다만 내가 떠나보내지 못한 것처럼 계속 떠돌았고 나는 그것들을 바라보는 수밖에 없었다.

◾ 디지털 포엠 제작 방법

gen3로 사진과 영상을 제작하였다. 영상과 시는 분리하여 게시하였다. 영상에서는 다큐멘터리 형식의 자막을 넣었으며 반사광의 이미지를 형상화했다.

흔들리는 탑의 시간

검푸른 호수 위, 한 척의 작은 배 위에서
나는 무엇을 눌러 담듯이 돌을 올렸다

처음에는 단단했다
배 위에 놓인 돌 하나,
그 위 또 하나
높이 쌓아 올릴수록 흔들리는 배 위에서
견고한 균형이 자라났다

그러던 어느 날 탑이 미세하게 흔들리기 시작했다
한차례 지나가는 바람 때문이라고 생각했지만
수면은 고요했고
나는 수면을 의심하기 시작했다

그리고 눈을 비볐다
그럴 리가 없었다
첫 번째 더듬이는 아주 작았다
거친 돌 틈에서 나온 가느다란 실 같은 것이
두 번째, 세 번째 탑의 틈마다 자라났다

나는 그것을 뽑아내려 했다
그러나 손을 대는 순간, 배는 넘실거렸고
수면은 잔잔했다

마치 내가 뽑으려 한 것이 균형의 힘줄인 것처럼
돌들은 촉수를 붙잡고 있었다

집요하게 촉수를 놓지 못하다가
아침에 눈을 떴을 때, 천장이 잠시 흔들렸을까
조금 기울어진 세계에서 나는 지하철역 계단을 올랐다

나를 붙들고 있는 이 세계의 각도는 몇 도일까
뒤로 기대면 넘어질 것 같고
앞으로 쏠리면 바닥에 닿을 것 같은
어느 사이에 의자가 있지 않는가

의자가 완전히 젖혀지지 않는 어디쯤
허벅지와 종아리는 부드럽게 긴장하고
무릎과 허리가 자연스럽게 흔들리다 보면

무엇을 눌러 담듯이 쌓아 올린 돌이
하나씩 맞물리며 정렬된다

발끝을 바닥에서 완전히 떼면서
높이, 더 높이

〔〕 시작 노트

　가만히 의자에 앉아 있는데 등 뒤로 미세한 경사가 느껴졌다.
　몸을 조금만 더 기대면 어딘가로 미끄러질 것 같았다.
　그래서 무의식중에 앞으로 몸을 살짝 당겼다.
　그러자 이번엔 발끝에 힘이 들어가며 바닥이 멀지 않다고 착각할 만큼 앞으로 쏠리는 감각이 들었다.
　그래서 다시 등을 붙이고, 뒤로 몸을 기울여서
　그 사이 어딘가에서 자리를 잡으려고 안간힘을 썼다.
　앉아 있다는 사실보다 기울고 있다는 감각이 몸을 더 오래 붙들고 있었다.

■ 디지털 포엠 제작 방법

　gen3로 사진과 영상을 제작하였다. 영상과 시는 분리하여 게시하였다. 영상에서는 다큐멘터리 형식의 자막을 넣었으며 배 위에서 돌탑을 쌓는 이미지를 형상화했다.

찌그러진 새벽

찬장에는 새하얀 종이컵이 가득 채워져 있었고
그곳은 차가운 빛이 드는 영원한 새벽이었다

이 시간대는 얼마나 오래 비어 있었을까
그 안이 가득 차도록 아무것도 없다는 사실이
이렇게 말갛고 고요한 줄 몰랐습니다

나는 새벽을 꽉 쥐다가
찌그러뜨리는 일이 비일비재하고
오늘노 원형을 잃은 하루를 시작한다

비좁은 버스에서 누군가의 가방이 내 옆구리를 밀었고
다른 쪽에서는 무심한 팔꿈치가 내 팔을 짓눌러도
아프지 않다

그저 쑤욱, 안으로 들어가며 조용히 찌그러지는
나의 종이컵

접힌 곳을 펴낼 때는 자꾸 눌리는 기분이 든다
오랜만에 인사를 나누는 사람들과 "다음에는 꼭"
하고 미소를 접고 미소가 펴지면서
나는 다시 삐뚤어지고 마는 것이다

구겨진 종이컵의 자잘하고 차가운 각을 내밀고

하나, 둘, 셋
사진 찍히기 직전
웃지도, 화내지도 않은 표정을 미세하게 조정하면서
어느 누구도 찌르지 못하는 각을 혼자 앓는 순간이면

입술로 가장자리가 흐물흐물해질 때까지 각을 매만지다
괜스레 뒤를 돌아보듯이 찬장을 열어 본다

가볍고 순하게 쌓여 있는 새하얀 종이컵은
가장 안전한 원에 갇힌 것처럼

🗒 시작 노트

 별로 웃고 있지 않았는데 입꼬리 부분이 자꾸 굳어 가는 것 같았다. 어느덧 입꼬리 근처에는 누구도 건드릴 수 없는 얇은 각이 잡혀 있었다. 나는 그 각을 혼자만 알고 있다는 기분으로 입꼬리 근처를 조심스럽게 매만졌다. 굳은 표정에서 흘러나오는 작은 긴장 같은 것이 사라질 때까지 입꼬리 주변의 살을 살짝 눌렀다가 풀기를 반복했지만, 만질수록 각은 사라지지 않았고 오히려 표정 안쪽에서 더 날카로워지는 각이 자라고 있었다. 아무도 만질 수 없는 얼굴이 얼굴 안에 숨어 있었다.

■ 디지털 포엠 제작 방법

 gen3로 사진과 영상을 제작하였다. 영상과 시는 분리하여 게시하였다. 영상에서는 구겨진 종이컵으로 얼굴을 형상화했다.

가장 조용한 증명

나의 서랍 안에는
붉은 금붕어 한 마리가
미동도 없이 누워 있다

나무 냄새가 침잠하는 계절 속으로
금붕어는 물 없이 숨을 쉰다

공기 속에서 시간이 흘러가는
액체의 방식을 알고 있다는 듯이

살아 있다는 건 때로 존재하는 밀도에 눌려
움직이지 못하는 일이다

말을 걸 수 없는 사이에서도
숨소리의 리듬이 조금씩 어긋나면서
우리는 눈을 마주치지 않으려는 대화를 나눴지

서랍을 열었을 때,
금붕어는 여전히 그 자리에 있었기 때문에
우리는 안심할 수 있었을까

"괜찮니?"는 지극히 인간적이고
"살아 있니?"는 한없이 가볍게 느껴져서

말이 도달하지 못하는 거리를 두고
금붕어의 눈동자는 서랍의 계절을 아주 느리게 반사하고 있었다

﹛﹜ 시작 노트

 서랍을 열었을 때 무언가 그대로 있는 것을 보고 나는 괜히 안심했다. 그건 움직이는 것도, 숨 쉬는 것도 아니었는데 그 자리에 있다는 이유만으로 내 안에서 어떤 무게가 내려앉았다. 말을 건네지 않아도 되는 진실한 거리가 느껴졌다.

▪ 디지털 포엠 제작 방법

 gen3로 사진과 영상을 제작하였다. 영상과 시는 분리하여 게시하였다. 영상에서는 서랍 속 물고기의 움직임을 형상화했다.

심장이 없는 곳에서 심장처럼

한 번쯤 동그란 틈으로 손가락을 넣어 본 적 있지 않는가
손가락은 이리저리 보이지 않는 곳을 후벼 본다

그리고 열린 틈 사이로 내민 수천 마리 손가락들의 집단적 율동이 감지될 때
그것들은 돌고래의 유영처럼 어디를 향하는 심장을 흉내 내고 있을까

그러한 심장 소리는 거스름돈이 나오는 자판기 구멍을 헤집는 순간이나
어두운 밤 콘센트에 플러그를 꽂기 위해 이리저리 돌리는 손목의 스냅에서도 들려온다

수면 아래에서도 방향을 잃지 않겠다는 듯이
한 바퀴 휘젓다가 잠시 멈추고 깊숙이, 깊숙이

입안에 갇힌 빛을 헤매는 혀처럼

🗒 시작 노트

먼지 입자들이 부유하는 게 보였다. 처음엔 그저 가만히 떠 있는 줄 알았는데 어느 순간 그것들이 같은 방향으로 나아가듯 움직이고 있다는 걸 알아챘다. 어디론가 향하고 있는 듯한 그 율동을 나는 따라갈 수 없었지만, 그 움직임을 보고 있는 동안 내 심장이 조금 더 앞으로 기운다는 걸 느꼈다. 빛과 먼지 사이, 숨과 공기 사이에서 나는 알 수 없는 흐름을 따라 나도 모르게 돌고래의 유영처럼 따라가고 있었다. 그 흐름은 부드럽게 휘돌아 가는 곡선으로 이루어져 있었고, 그 궤적은 바람이라 부르기엔 너무 느렸으며, 정적이라 부르기엔 너무 생기 있었다.

▣ 디지털 포엠 제작 방법

gen3로 사진과 영상을 제작하였다. 영상과 시는 분리하여 게시하였다. 영상에서는 수많은 손가락들의 움직임과 돌고래의 유영을 형상화했다.

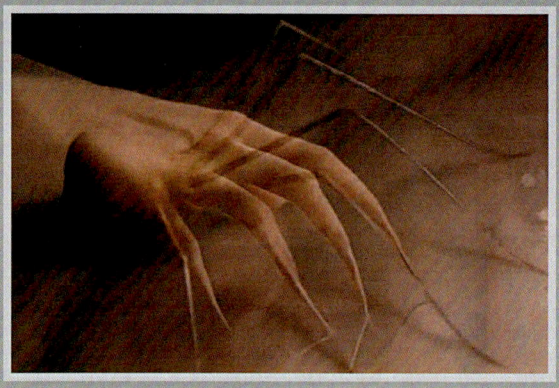
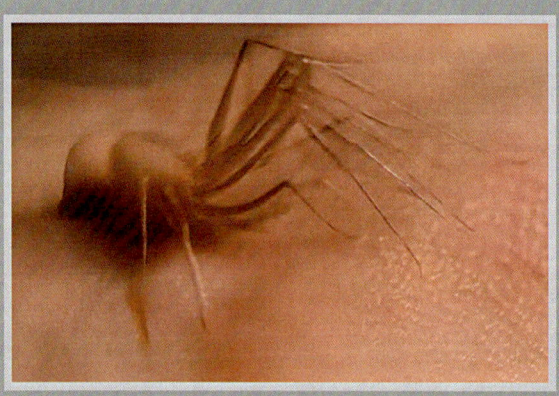

무해한 자기장

둘이 걸을수록 우리의 손가락이 얇아졌다
맞잡은 손은 서로에게서 서서히 빠져나가고

손가락은 완전히 사라지지 않은 채
붙잡을 수 없는 형태로 남아서

바람보다 명료하고
흔들림보다 조용하게
몸의 가장자리까지 기어오른다

털어 내면 다시 기어오르는 손가락은
온종일 나를 불편하게 만들곤 하지

나만 알고 있는 나에게 살금살금 침입하고
딱히 해를 가하지 않는 것이다

문득 팔꿈치가 간지럽고
등 뒤 어딘가가 스쳤고
속눈썹 끝에서 무엇이 내려앉은 것 같아

나는 자꾸 움찔거리고 몸을 비틀지만
손가락은 나로부터 발견되지 않다가

홀연히 등줄기를 타고 슬금슬금 올라온다

손가락의 방향을 예상할 수 없을 때

그것은 나의 손을 흉내 내는 자기장이었다

뻗은 게 아니라
끌려간 것이었고

잡은 것이 아니라
붙들린 것이었던 나는

손가락의 궤도를 도는 위성에 불과하다가
정확하고 조용하게 너의 손과 다시 만나
서로에게서 서서히 빠져나가고

{} 시작 노트

 가만히 있다가도 등줄기 어딘가가 스르륵 간질거렸다. 움찔거리며 몸을 틀었지만
 무언가가 닿았던 감각은 금방 사라져 버렸다. 다시 가만히 있으면 어느 순간 그 감각이 또 슬금슬금 올라왔다. 그 움직임의 방향은 예상할 수 없었으며 손끝으로 그곳을 더듬었지만 아무것도 없었다. 잡을 수 없는데 계속 존재한다고 느껴지는 그 감각도 어쩌면 잡을 수 없는 나를 서성이는지도.

■ 디지털 포엠 제작 방법

 gen3로 사진과 영상을 제작하였다. 영상과 시는 분리하여 게시하였다. 영상에서는 거미 같은 손가락이 기어다니는 이미지를 형상화했다.

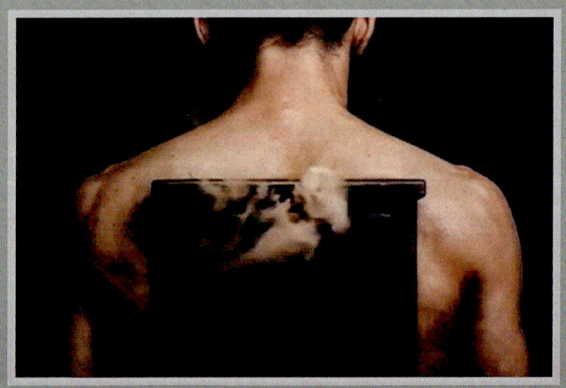

비어 있는 쪽으로만 서랍은 흐른다

서랍을 열었다
아무것도 없었다

다만, 깊고 작은 구멍 하나가
조용히 남아 있다

구멍은 서랍에 담길 수 있는 것인가

구멍 속으로 들어온 빛이
구멍 밖으로 나갈 수 없는 건
먼지들이 조심스럽게 서로 뒤엉키고
부드럽게 밀고 당기며 서랍 안을 반죽하기 때문이다

이제 구멍은 멀리 있는 다른 구멍으로
가느다란 길을 만들어 내고

구멍들은 서로 외롭지 않은데
외로운 표정을 지으며 서랍이 비었다고 속삭인다

길어지는 통화 연결음처럼
그러한 구멍들이 끝없이 이어지면서 도달하지 않는 동안

거울에 비친 얼굴이나 오래된 화분, 당신의 뒷모습이
무심하게 열려 버릴 때도 있다

◊ 시작 노트

　오래된 서랍 속 어둠은 아무 말 없이 서랍이 비었다고 말하면서 외로움을 묘사한다. 그건 어둠이 아니라 어둠인 척하는 무늬였다. 자세히 들여다보면 한 번도 열리거나 닫혀 본 적 없는 구멍이다. 애초부터 구멍이었던 구멍은 무언가 잃어버린 자리처럼 보여도 사실 잃을 것도 없는 자리였다.

▣ 디지털 포엠 제작 방법

　gen3로 사진과 영상을 제작하였다. 영상과 시는 분리하여 게시하였다. 영상에서는 서랍을 신체 기관처럼 달고 있는 사람을 형상화했다.

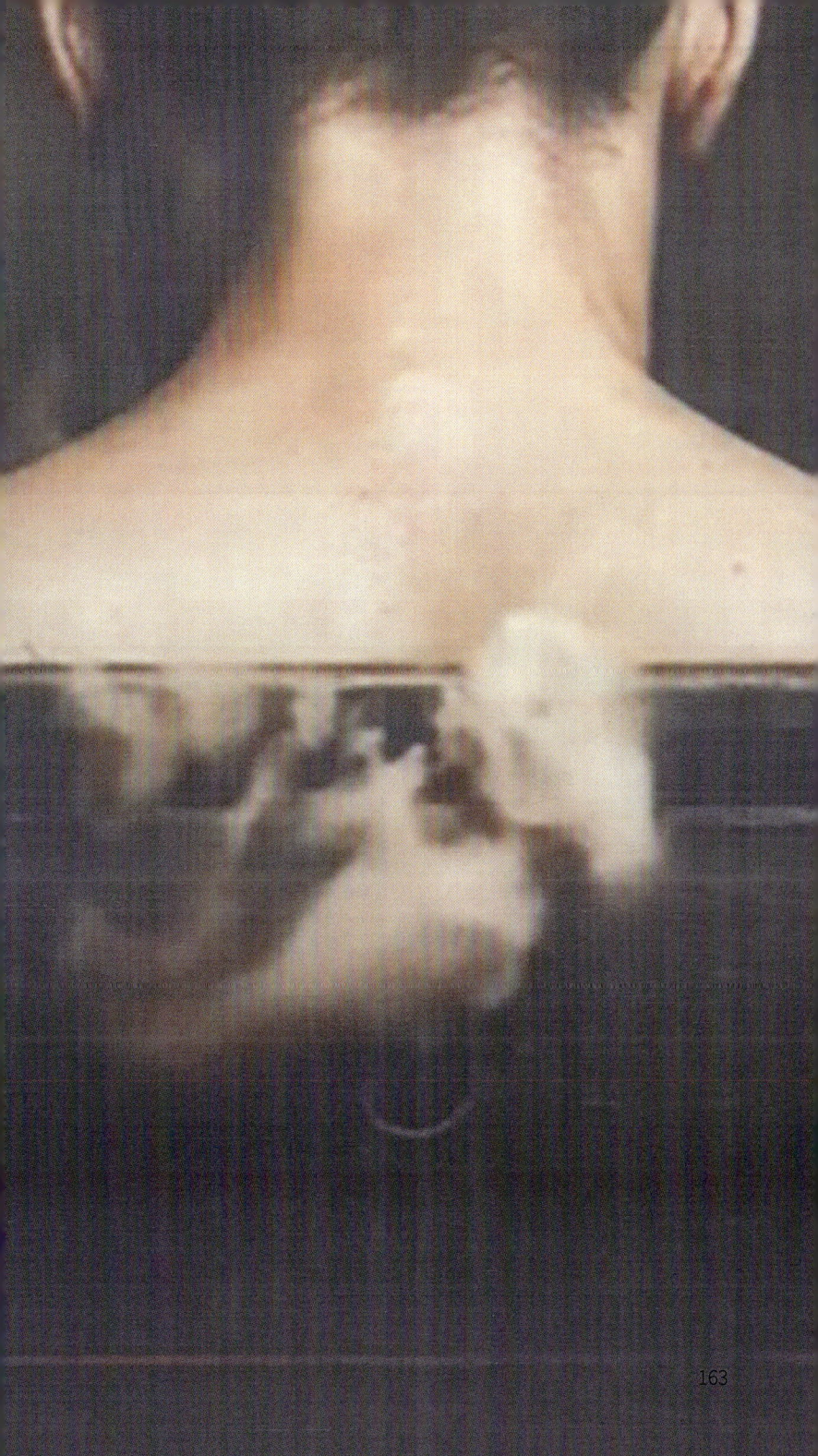

그럼에도 우리는 하나둘씩 둥근 테이블에 모여 앉았다

둥근 테이블 위에는 아무것도 없다

우리는 말없이 이곳에 둘러앉아
바람에 꺾인 풀 한 포기처럼 저마다 조금씩 기운다

누군가는 목덜미를 구부리고
누군가는 어깨를 살짝 움츠리고

각자의 방향으로 무너지는 우리는
서로를 바라보지 않고
서로를 막지도 않으면서
펼쳐져 있지만 읽히지 않는 책의 내용이 된다

조용히 열려 있는 책에
우리는 서로 다른 쓸쓸함을 나열하면서

책을 넘기지 않는다는 것
책이 끝내 닫히지 않는다는 것

읽으려 하지 않고
읽히려 하지 않은 채
이곳의 독서는
조용히 무뎌져 간다.

대화도, 컵도, 이름도 없는 곳을
우리는 둥근 테이블이라고 부르고

나란히 앉는 일만으로 조용히 감싸여 있는 이곳에서
바람에 꺾인 풀 한 포기처럼 누구의 숨소리가 무심히 기우는 것일까
서로를 가로지르는 문장이 되도록

그럼에도 우리는 하나둘씩 둥근 테이블에 모여 앉았다
책장을 넘기지 못하고 버티는 시간 동안
숨을 죽이고

{} 시작 노트

    가만히 앉아 있는 것만으로도 서로에게 닿고 있는 것 같을 때가 있다.
    두 사람을 바라보는 눈동자들이 천천히 문장이 되어 흘러갈 때, 그곳은 서로를 건드리지 않으면서 조용히 감싸는 둥근 테이블이 되어 간다.

■ 디지털 포엠 제작 방법

  gen3로 사진과 영상을 제작하였다. 영상과 시는 분리하여 게시하였다. 영상에서는 둥근 테이블에 앉아 있는 식물 같은 사람들을 형상화했다.

저녁을 맴도는 나비

나는 네가 그리워질 때마다
흩날리는 나비들을 만난다

기억이 나지 않는 무게감이
조금씩 되돌아오는 저녁은
어깨에 내려앉은 나비처럼 너무 가볍고

나는 해가 넘어가는 순간을
나비의 마지막 날갯짓으로 바라본 적이 있다

나비가 공기 중에서 선회하다
어디에도 직접 닿지 않고
내려오려는 상태로 머물 때

빈 공간을 간질이는 손가락의 질감처럼
나는 저녁을 외면하고
저녁을 기다리는 마음을 배운다

어디로 날아갈지 알 수 없는 나비의 빛깔로
저녁은 자주 망설였다

어떤 나비는 스치기도 전에 사라지는 법을 날갯짓으로
익히기도 해서

자다 깨어 불쑥 기억나지 않은 꿈을 인식할 때마다
아스라이 피었다가 꺼지는 박동처럼 나비 떼를 맞이하기도 한다.

당신이 나비였을 때 나는 공기였을까

당신이 닿지 않아도
날갯짓이 머무는 곳마다
내가 이유도 없이 흔들리는 까닭은

{} 시작 노트

당신은 나를 흔들기 위해 아무것도 할 필요가 없었고
나는 이유도 모른 채 당신을 따라 흔들리고 있었다.

◾ 디지털 포엠 제작 방법

gen3로 사진과 영상을 제작하였다. 영상과 시는 분리하여 게시하였다. 영상에서는 몸의 일부가 사라진 곳의 허공에 나비가 날아다니는 이미지를 형상화했다.

누구의 무늬였는가

길게 늘어진 그림자가
방 안벽에 얼룩처럼 퍼진다

검고 하얀 덩어리들이 뒤섞인 형상이
젖소의 무늬를 닮아 있다

얼룩진 무늬는 말이 없지만
그 침묵이 너무 정확해서
나는 슬픔을 느끼곤 한다

몸보다 무늬가 먼저 도착한 동물은
이곳에 오지 않아도
정리되지 않은 표정을 말없이 건네곤 하지

형체도 없이 사건이 시작된다는 것
당신이 오지 않아도 풍경이 펼쳐진다는 것

나는 그 동물이 오지 않을 것을 알고
무늬만으로도 이곳이 바뀌는 것도 알고 있다

우리는 잔을 반쯤 비우고
느닷없이 조용해지다가
반쯤의 물로 남아 있었다

그 위로 쏟아진 햇빛이 조각조각 분열되는 동안에도
무늬는 말보다 빠르게 도착하지 않는가

정말 젖소였을까

끝내 말하지 못한
사슴의 등이었을까

오지도 않고
가지도 못하는 그 동물은

{} 시작 노트

지하철 빈자리에 앉아 정리되지 않은 표정을 잠시 따라가 본다. 정리되지 않는 표정은 늘 얼룩처럼 남아 있다. 얼룩의 법칙은 간단하다. 지우려 들수록 잠시 또렷해지고 순간마다 빛이 바뀐다. 객차의 떨림으로 무늬가 이동할 때마다 얼룩은 갑자기 이곳을 빠져나갈 수 있는 지도처럼 느껴지기도 했다. 얼룩은 실패의 기록이 아니다. 잠깐 내려놓은 숨, 말하지 못한 문장, 되돌린 표정의 각도가 하나의 리듬으로 머무르는 느린 고양이다.

▣ 디지털 포엠 제작 방법

gen3로 사진과 영상을 제작하였다. 영상과 시는 분리하여 게시하였다. 영상에서는 얼룩을 다양한 공간에서 실험하는 이미지를 형상화했다.

인사의 감정

소리조차 멈춘 외딴 우물 위에
하루에 단 한 번, 조용히 도착하는 빛은

물속으로 스며든 적 없이
우물의 둘레를 어지럽게 맴돌다 미끄러진다

나는 투명하고 단단한 물의 고집을 한 컵 떠다가
상 위에 올려놓고 그것을 마시지 않는다

정오가 되자
차갑지도 따뜻하지도 않은 물의 수면은
작은 파문도 없이 아주 조금 낮아져 있다

누가 치우지 않아도 괜찮은 컵
누가 마시지 않아도 사라지는 물에게

말을 걸면
물컵은 순식간에 멀어질 것 같고

말을 걸지 않는 한
물컵은 그 자체로 온전하다

며칠이 지나도 물컵은 여전히 그 자리에 있고
사람들은 지나가지만 누구도 그 물을 마시지 않는다

마치 그 물이 거기 있어야만 하는 이유를
모두가 알고 있는 것처럼

그리고 물은 아무 말 없이
자국 하나 남기지 않은 채
천천히 사라져 간다

아무도 물컵을 치우지 않는다는 건
무관심일까 외면일까
조용한 다정함일까 생각하는 동안

가끔 누군가의 눈길이
잠깐 멈춰 지나가고

물컵은 오래 존재하는 인사처럼 남아 있다

{} 시작 노트

물이 말라 가는 것을 오랫동안 지켜본 적이 있다. 물은 아무 일도 없었던 것처럼 조용히 그리고 서서히 사라지고 있었다. 그것은 아무것도 남기지 않지만 누군가 흘리고 간 인사처럼 남아 있었다. 그리고 언젠가 내가 있던 이 자리도 그런 인사로 남아 있었으면 하는 마음이 들었다. 아무 일도 없던 것처럼, 조용하고 오래.

▣ 디지털 포엠 제작 방법

gen3로 사진과 영상을 제작하였다. 영상과 시는 분리하여 게시하였다. 영상에서는 어느 곳에서나 오래 존재하는 인사처럼 물컵이 있음을 형상화했다.

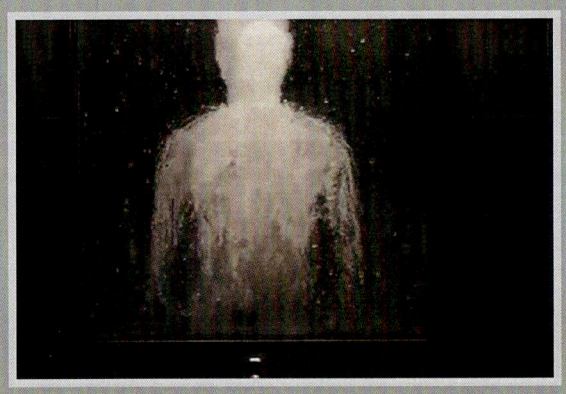

거울은 아무것도 저장하지 않는다

도시의 거리 한복판에 놓인 거울은
지나가는 사람들을 저장하지 않는다

다만 그곳에 박힌 총알처럼
움직이지 않는 그는
거울 속에 살고 있지만
거울의 일부는 아니고

사람들은 자신의 머리칼을 정리하고 넥타이를 고쳐 매면서
거울 속에 박힌 그를 보지 못한다

그는 흔들리거나 비켜서는 법이 없다
거울을 바라보는 어떤 시선도 그에게 도달하지 못할 뿐
그가 눈을 감았다 뜨면 모두의 표정이 바뀌어 있고

그를 보기 위해서는
모두가 걷는 속도에서
한 박자씩 뒤처져야 한다

신호등이 깜빡이고 구두 소리가 겹쳐지는 무렵
처음에는 실수처럼
오늘 이곳에 나온 이유가 생각나지 않아야 한다

모두의 얼굴은 제때 반사되고
나의 얼굴만 조금 늦게 도착하는 즈음에

눈을 깜빡였는데
거울 속 눈은 아직 뜨지 못하고
입술을 다물었는데
거울 속 입술은 여전히 말을 하고 있는 사람은

그였던가, 나였던가
헷갈리는 마음으로만
그를 볼 수 있다는 듯이

거울은 엇갈리는 수많은 사람들을 저장하지 못하고
그는 여전히 그곳에 서 있다

{} 시작 노트

 지하철 화장실에서 거울을 본 적이 있다. 그곳을 지나간 수많은 얼굴들이 모두 사라져 버린 자리에서 나는 방금 나를 봐도 그 얼굴이 어떤 얼굴이었는지 떠오르지 않는다. 거울은 아무것도 기억하지 못한 채 아무 일도 없었던 것처럼 다음 사람을 받아들이고 그 세계에서 나는 매번 사라지고 다시 태어난다.

▣ 디지털 포엠 제작 방법

 gen3로 사진과 영상을 제작하였다. 영상과 시는 분리하여 게시하였다. 영상에서는 거울이 비출 수 없는, 그래서 오히려 거울에 진짜 살고 있는지 모를 그를 형상화했다.

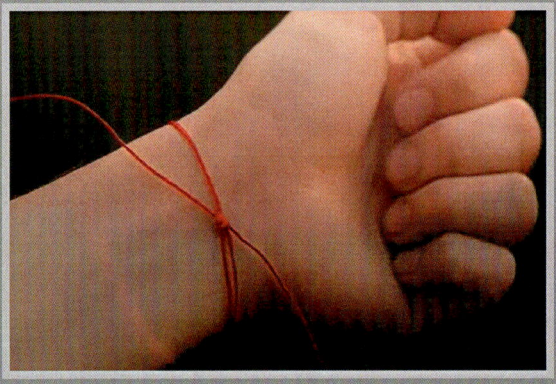

묶인 적 없이 흩어지는 작별

풀잎의 녹음이 깊어질수록
실처럼 가느다란 피 냄새가 번졌다

그 냄새는 지나가는 사람의 손목을 스치기만 하고
결박하지 못한다

풀리기 위해 남겨지는 것처럼

우리 중에 그녀는 잠시 발을 멈추고
표정이 묶인 사람처럼 눈을 찌푸렸다

"방금 무엇이었지?"
우리는 말할 수 없었지만
냄새가 있다는 것을 모두 알고 있었다

하지만 그것은 매듭이 아니어서
감겨 오듯 조여 오는 각자의 표정을 손으로 풀 수 없고

우리 중 누군가는 그것이 사라졌다고 했다
아무도 말하지 않았지만
우리는 동시에 숨을 삼키고

서로를 쳐다본다
풀리지 않은 표정을 하고서

누군가는 웃었고
누군가는 아무 일 없다는 듯이 손목에 힘이 없어지는 동안

몇몇은 그늘이 길어진 만큼 천천히 고개를 끄덕였다

묶이지 않았어도 손목을 문지르면
냄새도 없는 풀잎이 붉게 풍겨 왔다

우리는 손을 흔들며
우리로부터 흩어지는 법을 배우고 있었다

{} 시작 노트

풀리지 않은 표정은 얼굴 어딘가에 느슨하게 걸려 있었다. 입꼬리는 내릴 수도 없었고 눈썹은 올릴 수도 없었다. 그저 그 표정은 스스로도 어디에서 시작했는지 모른 채 얼굴 위에 머물러 있었다. 말을 걸 수도, 모른 척할 수도 없는 얼굴. 그 얼굴은 질문이 던져진 직후와 대답이 도착하기 직전, 그 아주 미세한 틈새를 붙잡고 있는 것 같았다.

■ 디지털 포엠 제작 방법

gen3로 사진과 영상을 제작하였다. 영상과 시는 분리하여 게시하였다. 영상에서는 풀에서 흘러나오는 풀 냄새를 홍실로 형상화했다.

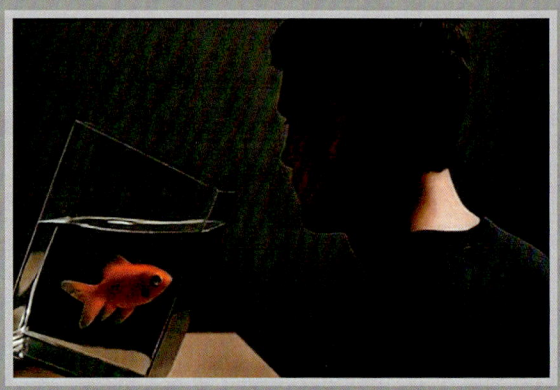
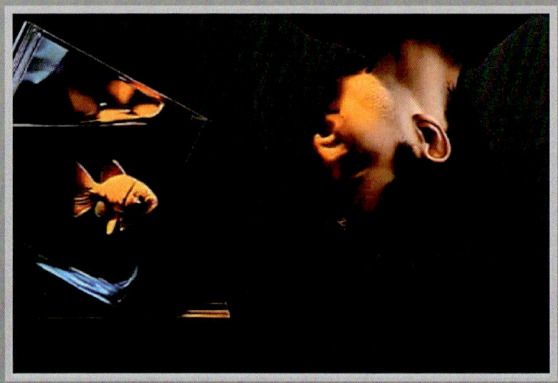

눈 맞춤은 질문으로 남고

어항 속 물고기와 눈이 자주 마주쳤다

각자 물속에서, 공기 속에서
동일한 궤도를 돌고 있었다는 듯이

물고기는 늘 놀란 얼굴로 나를 쳐다본다
서로를 마주 보고도
한 번도 나를 본 적 없다는 듯이

우리는 서로에게 오류처럼 눈을 충돌시켰다
그때마다 세상은 잠시 정지하지 않는가

모든 동작을 멈추고서 정확히 겹쳐질 수 있을 때까지
우리는 서로의 가장자리의 가장자리를 탐색해야만 한다

어항 속 물고기와 나는
정면에서 만나 본 적이 없다

서로의 가장자리를 천천히 돌면서
모서리가 정확히 포개어질 때까지

그 과정은 직선이 아니라 곡선이었으므로
질문에 가까웠다

{} 시작 노트

　우리는 서로에게 눈을 부딪쳤다. 그건 인사도 아니었고 확인도 아니었다. 오히려 잠깐 멈춰 선 오류처럼 눈과 눈이 충돌할 때마다 공기 안에서 시간이 정지되었다. 그 짧은 멈춤 속에서만 서로가 실제로 존재하는 것 같았고, 눈길이 미끄러져 나가면서 우리는 다시 아무 사이도 아닌 사람들로 돌아갔다.

▣ 디지털 포엠 제작 방법

　gen3로 사진과 영상을 제작하였다. 영상과 시는 분리하여 게시하였다. 영상에서는 물고기와 눈이 마주치는 남자를 형상화했다.

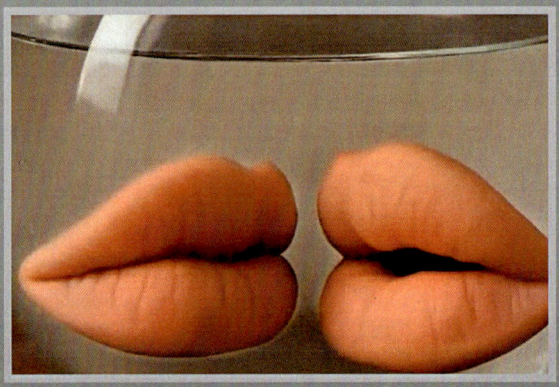
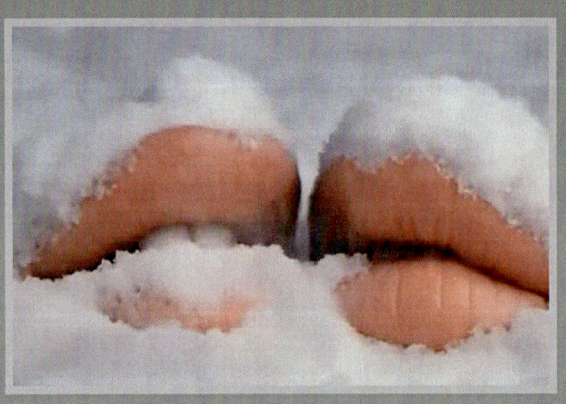

닿지 않은 키스

그날 저녁
우리는 각자의 문장 끝에 앉아 있었다

말을 꺼내려다 삼키는 순간마다
너와 나는 서로의 입술을 바라보며
혀의 부재를 알아차리고야 말았다

혀가 없으니
사과도 없고
고백도 없고
이름도 부르지 못하는 고요한 밤이야

그러니까 우리는
키스를 어떻게 하는지부터 배워야 하지

혀가 없다는 사실은 우리에게 거짓을 빼앗아 갔다
우리는 서로의 입술을 조용히 겹치고서
오히려 무언가를 견디는 자세에 가까워졌다

슬픔이 밀려오거나
기쁨이 새어 나와도
성대는 비슷한 소리로 울리고

우리는 목이 먹먹해지는 감각에

조금씩 익숙해져야만 한다

기쁨을 온전히 기뻐하지 못하고
슬픔을 끝까지 슬퍼하지도 못하는 것이
축복이라는 듯이

우리는 아슬한 지점에서
서로의 숨이 닿을 듯 말 듯한 기술을 터득해 나갔다

너는 감정이 넘칠 것 같을 땐
입술을 오래 마주치지 않는 섬세함을 지녔지

혀가 자라면서
우리는 각자의 말속으로 돌아갔지만
여전히 각자의 문장 끝에 조용히 앉아 있었다.

{} 시작 노트

문득 그런 날이 있다. 누군가를 부르려다 입술만 포개고 목소리를 잃어버린 채 오래 서 있는 밤. 입을 열지 않는다는 게 아니라 입을 열 수 없어서 소리 대신 체온으로만 서로를 전달하는 밤. 그렇게 우리는 말을 건넬 수 없는 것들을 몸으로만 버티며 아무 말 없이 오래 키스를 기다리는 자세를 스스로에게 가르치고 있었다.

■ 디지털 포엠 제작 방법

gen3로 사진과 영상을 제작하였다. 영상과 시는 분리하여 게시하였다. 영상에서는 입술만 남은 존재를 묘사했다.

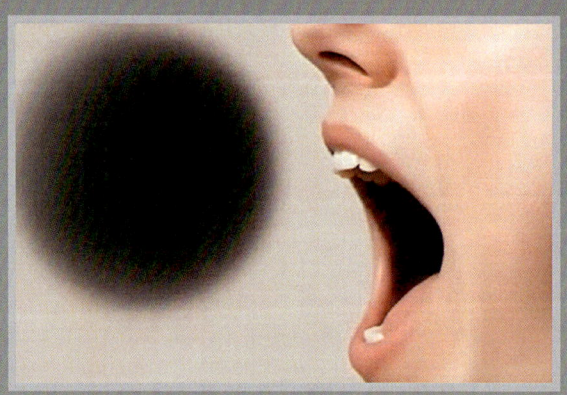

공이 구르지 않는 방에서

그 공은 굴러다니지 않았다

다만 누가 가져다 놓았는지
왜 놓여져 있는지조차 모르는 공에게
굴러다니지 않았다는 사실은 공의 가장 오랜 서사다

공의 표면은 말갛고 매끄러웠으며
손끝으로 눌러 보면 푹 꺼졌다가
느리게 살아났지만

공은 방 안 구석에서 자신의 부재를 증명하듯이
어떤 기류나 소음에도 굴러가지 못했다

그러던 어느 날
아무 예고 없이
무엇이 튀어 올랐다

하지만 아무도 무엇이 튀어 올랐는지 알 수 없었다
공이 사라졌지만 공이 튄 것을 본 사람은 없었으며
공이 있었다는 사실을 증언할 수 있는 이도 없었다

시간이 흘러 우리의 간격이 살짝 흐릿해지고
침묵은 차츰 길어지면서

우리는 사이가 어색해졌고
아무도 어색함이 어디서 오는지 말할 수 없었다

다만 말을 할 때마다
목 깊은 곳에서 둥근 것이 걸렸고

공이 튀어나올 것처럼
우리는 동시에 멈칫했다

지금 말하면 절대로 돌아올 수 없을 것 같은
공을 어루만지듯이

조금 낮게
조금 멀리
말끝의 억양을 바꾸면서

{} 시작 노트

나는 무언가를 건너뛴 것 같았고 당신은 한 번도 닿은 적 없는 곳을 방금 지난 사람처럼 서 있었다. 서로를 부른 적도 없고 서로를 지나친 적도 없는데 방 안의 공기는 이상하게 우리로부터 비켜나 있었다. 목 끝 어딘가에 걸린 둥근 무게 때문에 말을 꺼내는 대신 숨을 참는 시간이 길어졌고 우리는 침묵의 기원을 묻지 않기로 했다.

▣ 디지털 포엠 제작 방법

gen3로 사진과 영상을 제작하였다. 영상과 시는 분리하여 게시하였다. 영상에서는 공의 그림자가 튀어 오르는 이미지를 형상화했다.

고요한 응답

햇빛은 정오 무렵, 정확한 각도로 기울어져
잎 하나 없는 화분 위에 멈춘다

줄기는 말라붙고, 흙은 갈라졌다
이제 아무도 물을 주는 이가 없고
이름표도 흐릿해진 화분은
간혹 지나가는 이의 발걸음을 멈추게 한다

그리고 아무 말 없이 썩은 뿌리를 바라보게 하는 것이다
소멸한 것들만이 보여 줄 수 있는 내부가 있다는 듯이

나는 꽃이 피지 않는 화분 앞에 오래 머물렀다
그건 단순한 공감이 아니다
꽃이 피지 않은 화분은 신전처럼 조용했고

내가 잠시 인간이기를 멈춘 것처럼
그 자리를 빠져나올 때

사람들은 죽은 화분 앞에
누가 언제 왔다가
언제 사라졌는지 기억하지 못한다

다만 여전히 내가 있을 것 같은 자리에
다른 누군가가 앉으며 조용히 시간을 보내고 있다

눌린 자국처럼
그곳에 앉은 사람은 자신이 왜 여기에 왔는지
무엇을 기다리는지 헤아릴 수 없지만

정오의 햇빛이 평소보다 43초 길게 머물렀다
그건 기적이었다

기도도 없이
제의(祭儀)도 없이
누구도 부름을 받지 않았음에도

그곳은 대답하지 않는 척
더욱 오래 대답하고 있었다

{} 시작 노트

나는 스스로도 알지 못한 채 오래 앉아 있었다는 걸 나중에서야 알았다. 누군가 나 대신 앉아 있던 것 같은 자리에서 우리는 낯선 사람처럼 서로를 부르지 않은 채 대신 살아가는 순간을 견디는 법을 배우는 중이었다.

▪ 디지털 포엠 제작 방법

gen3로 사진과 영상을 제작하였다. 영상과 시는 분리하여 게시하였다. 영상에서는 다양한 곳에서 죽은 화분 앞에 앉아 있는 이미지를 형상화했다.

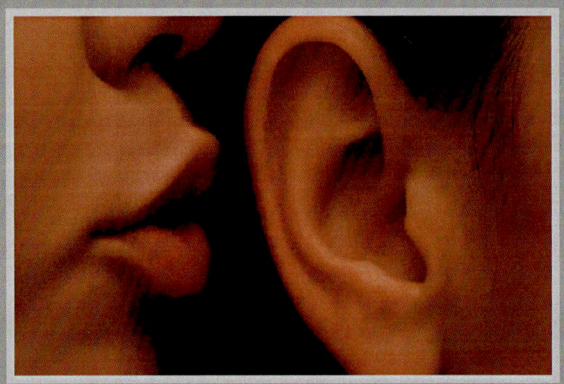

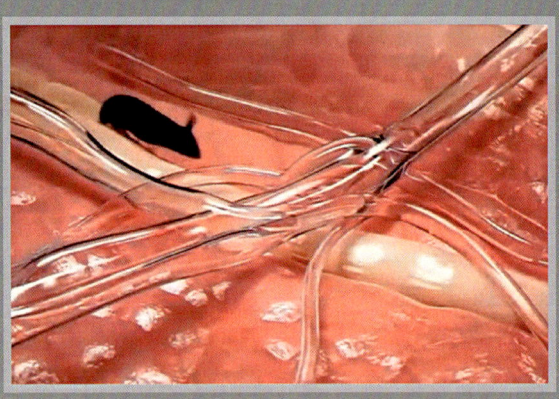

체온의 부스러기

귀는 열려 있는 무늬일 뿐
입구가 아니라는 듯이
너는 천천히, 조심스럽게, 간절하게 속삭였다

속삭임은 소리로 위장한 체온이다
그것은 귀로 들어가지 않고
열기의 지느러미를 퍼덕이며
곧장 목을 타고, 가슴을 지나, 복부 어딘가에 파고든다

네가 속삭일 때마다
무엇을 말했는지 기억나지 않아도
그때의 온도와 떨림으로
살은 움찔하며 가느다란 통로를 들키고야 마는 것이다

생각보다 먼저 반응하고
의식보다 먼저 떠는
그 좁고 민감한 통로에는
한 마리의 작은 동물이 산다

작은 동물은 이름이 없고
빛을 싫어해서

사람들이 멀어져
모든 말소리가 점점 작아지는 곳에

귀라는 덫을 조용히 펼쳐 놓고

네가 떠나도
문득 안쪽이 저릿한 환각으로
아직도 너를 견디고 있다

{} 시작 노트

 나는 네가 무슨 말을 했는지 기억하지 못한다. 다만 속삭임이 목으로, 가슴으로, 배 아래로 스며들었다는 감각만 남아 있다. 그 순간 귀는 소리를 들으라고 만들어진 것이 아니라, 살 속 어딘가로 이어지는 가느다란 통로를 열어 두기 위한 무늬일 뿐이었다. 너는 입구가 아닌 곳에 대고 속삭였고, 나는 말이 아닌 그 체온에 반응했다. 네 속삭임은 소리로 위장한 열이었다.

▣ 디지털 포엠 제작 방법

 gen3로 사진과 영상을 제작하였다. 영상과 시는 분리하여 게시하였다. 영상에서는 귓속으로 들어간 속삭임을 동물로 형상화했다.

올곧게 서는 의식

경사진 면에 올곧게 서 있다는 것은
이동이 아니라
중력과의 끊임없는 협상이다

그 위에서
비틀거리는 몸을 세우기 위해
가방끈을 부여잡는 손가락
허공으로 살짝 들린 턱선
그리고 들숨과 날숨으로 균형을 조정하는
우리의 행렬

에스컬레이터가 천천히 끝나자
우리는 발을 떼고 올곧게 서서

다음 경사로 진입한다

📎 시작 노트

나는 어딘가 비스듬한 공간 위에 서 있었던 것 같다. 움직이는 것도 아니고, 멈춘 것도 아닌 채, 몸 전체가 미세하게 흔들리는 것을 감추려 애썼다. 내가 하고 있는 것은 아마도 균형을 가장하는 일이었을 것이다. 몸의 무게가 어디에도 완전히 닿지 않아서 빛의 흔들림처럼 끝없이 지면을 더듬고 있었다. 이것이 최선의 삶이라고 믿어 보면서.

▣ 디지털 포엠 제작 방법

veo3로 영상을 제작하였다. 영상과 시는 분리하여 게시하였다. 영상에서는 에스컬레이터와 외줄타기의 이미지를 오버랩했다.

우산의 간격

색의 우산들이 펼쳐진 둥근 표면 아래
우리는 조금씩 각자 멀어져 갔다

비를 피한다는 것은
가장 가까운 것들과 간격을 만드는 일이었고

우리는 비보다 더 선명한 고독을 맞이하며
발목이 차가워졌다

그럴 때마다 빗소리는 가까워지지 않는가

우산들이 펴지는 순간마다
우산 안쪽으로 내리는 어둠은
우리가 차마 펼 수 없었던 색으로
가만히 부풀어 오르고

그 위로는 영원히 비가 내리지 못한다

다만 비가 그친 후에도
드문 드문 우산을 접지 못하는 사람들이
반 박자 느린 비의 리듬 속에서

우리가 차마 펼 수 없었던 색으로
자신의 그림자를 더 깊게 드리우며
천천히 걸어가곤 했다

〔〕 시작 노트

비가 그친 후에도 몇몇 사람들은 우산을 접지 못한 채 거리를 걷고 있었다. 마치 자신만의 기후를 겪고 있는 것처럼 그들의 걸음은 조금 느렸다. 그들은 어딘가에서 멈추지 못한 마음을 따라 걷는 듯했다. 나는 그 느린 발걸음을 뒤따르다 문득 나 역시 우산을 접지 않은 채 걷고 있다는 것을 깨달았다. 우리는 어떤 마음 하나를 접지 못하고 있었는지도 모른다.

◼ 디지털 포엠 제작 방법

veo3로 영상을 제작하였다. 영상과 시는 분리하여 게시하였다. 영상에서는 우산을 쓴 사람들이 증식하다가 우산만 남는 이미지를 형상화했다.

회전문의 멀미

나는 앞으로 걸었는데
몸속 어딘가는 자꾸 뒤로 끌려가고 있었다

문에 몸을 실을 때마다
내 속의 방향감각이
천천히, 보이지 않게 휘어졌다

돌고 또 돌았지만
바깥으로 나올 수 없는
유리의 미로 속에서

결국 빠져나가기 위해
나는 무엇을, 어디쯤에 놓고 와야만 했을까

{} 시작 노트

 회전문을 지나칠 때마다 내 안의 방향감각은 조금씩, 그러나 분명히 비틀렸다. 잠시 멈춰 선 곳도, 다시 걸어가는 길도 모두 유리로 된 괄호의 안쪽이었다. 나는 돌고 또 돌면서 계속 나가고 있다고 믿었지만, 처음 지나친 그 문 앞에 다시 서 있는 자신과 마주칠 것만 같았다.

▣ 디지털 포엠 제작 방법

 veo3로 영상을 제작하였다. 영상과 시는 분리하여 게시하였다. 영상에서는 우산을 쓴 사람들이 증식하다가 우산만 남는 이미지를 형상화했다.

나는 온몸으로 음악을 기어오르고 있었다

처음엔 손가락 하나가 나보다 먼저 움직였을 뿐이고
허공을 살짝 살짝 긁고 있었다

그리고 손목이, 팔꿈치가, 어깨가
각자의 방향으로 비틀리기 시작했다

척추가 더 이상 축으로 기능하지 못할 즈음
수많은 관절들이 독립적으로 흔들렸고

나는 무너지는 대신 한 곡의 곤충이 되었다

좌우를 모르는 팔꿈치와
위아래를 모르는 어깨를 비틀면서

관절은 끝까지 부서지지 않고
기묘한 묘기를 부리듯이 천천히 음악을 기어올랐다

박자가 없었지만 나는 분명히 어떤 리듬의 서식지였다

생존을 위한 몸부림이라 하기엔 질서가 있고
파괴의 과정이라 하기에는 너무 고요하게
몸을 흔들며

또 한 번, 또 한 번

{} 시작 노트

버스 손잡이를 붙잡은 채, 나는 어딘가 기묘하게 흔들리고 있었다.

척추는 더 이상 중심을 잡아 주지 못했지만 수많은 관절들은 각자 살아 움직였다.

좌우를 잃은 팔꿈치, 위아래를 잃은 어깨, 각자의 방향으로 비틀리고 접히면서도 끝내 부서지지 않는 것들.

몸은 하나의 형체가 아니라 여러 곡의 선율로 흩어진 듯 각 관절마다 제멋대로 움직이며 천천히 음악을 기어오르는 한 마리 곤충이 되었다.

나는 그 비틀린 리듬을 따라 무너지지 않기 위해 묘기처럼 균형을 흉내 냈다.

흔들림이 나의 형태가 되어 가고 있었. .

■ 디지털 포엠 제작 방법

veo3로 영상을 제작하였다. 영상과 시는 분리하여 게시하였다. 영상에서는 관절이 휘어서 곤충처럼 기어가는 인간을 형상화했다.

이 가벼운 부유를 누가 굴릴 수 있을까

울음을 삼키자
목울대가 가늘고 길게 떨렸다

살 속에 눌려 뜨거워진 울음이
바람이 된 것이다

그런 날에는 목 안 어둠을 돌던 투명한 흐름을 타고
민들레 꽃씨가 목구멍 밖으로 올라온다

누구의 손에도 닿지 않는 높이에서 천천히
그러나 이 가벼운 부유를 누가 굴릴 수 있을까

{} 시작 노트

울음을 삼키고 있었다.
목울대가 미세하게, 길게 떨렸다.
마치 울음이 아니라 어디선가 흘러나온 바람을 삼키고 있는 것처럼.

마침내 그 바람을 타고 작고 가벼운 민들레 꽃씨 하나가
울음 대신 멈춰 있었다.

스스로 날아갈 수 없는 울음이란 무엇일까.

나는 가만 가만 그것이 밖으로 나올 때까지 기다릴 수밖에 없었다.

▪ 디지털 포엠 제작 방법

veo3로 영상을 제작하였다. 영상과 시는 분리하여 게시하였다. 영상에서는 민들레 꽃씨가 입 밖으로 나오는 이미지를 형상화했다.

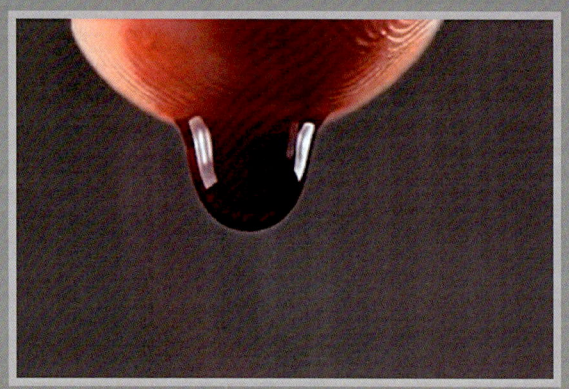

붉은 탄성의 시간

그날의 새벽에는
모든 것이 무너지지 않은 상태로 버티고 있었다

빛이 무른 액체처럼 창문을 맴돌고
실내 공기가 최대한 팽팽해질 무렵

나는 숨이 막히는 고요 속에서
손을 베이고 말았다

살결이 벌어지며
핏방울이 천천히 몸 밖으로 밀려 올라오는 순간에도
피는 조여 있었다

그리고 떨어지는 핏방울이 흩어지지 않고
한 번, 두 번,
경련을 일으키듯 공처럼 튀어 오르는 것이다

수축할 때마다 아래로 눌렸다가
그 탄성으로 다시 공중으로 팽창하는
핏방울은 무리를 이루지 않고 각자 튀어 오른다

오롯이 자기 자신만이 감당해야 하는 리듬처럼
새벽빛은 매번 다른 높이에서 아침을 팽창시키고

🗂 시작 노트

 귀를 막고 있으면 적막 속에서 내 심장 소리만이 둔탁하게 울리고 있었다. 내가 멈춘 사이, 내 안의 무언가는 조여지고 있었고 그 압력으로부터 나의 일부가 제자리에서 튀어 오를 것 같은 그 순간은 어쩐지 새벽 직전, 아침이 스스로를 밀어 올리는 긴장과 같았다. 닫힌 세계 안에서 오직 안쪽으로만 밀려오는 압력 속에서 나는 동트기 직전의 곧 터져 나올 소리를 기다리는 몸이었다.

◼ 디지털 포엠 제작 방법

 veo3로 영상을 제작하였다. 영상과 시는 분리하여 게시하였다. 영상에서는 핏방울이 공처럼 튀어 오르는 이미지를 형상화했다.

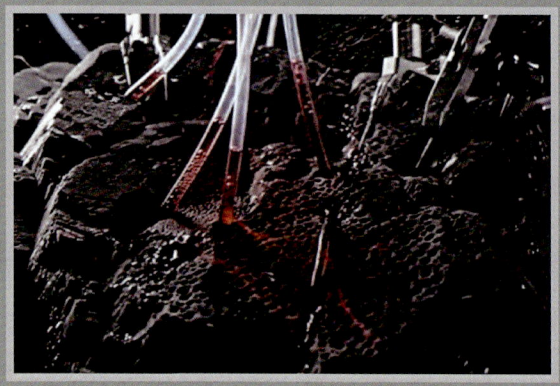

돌의 수혈

아이의 손에 작은 돌이 놓여 있다
까맣고 차갑고, 숨도, 맥박도 없는 덩어리

아이의 입술은 주문을 외듯이 속삭인다
"이제 네 안에도 피가 흘러"

돌의 어두운 숨구멍이 축축하게 젖어 든다
돌이 소화하지 못하는 이물질을 품고 있는 동안

온기가 돌의 표면을 둥글게 돌며 어루만졌다
돌 안으로 들어가고 싶다는 듯이

들어가지도, 떠나가지도 못한 채
부드럽게 돌을 감싸는 건
정말 피였을까
피를 닮은 고독이었을까

만나지만 섞이지 않은 채 맴도는 긴장 속에서
돌은 조용한 응답처럼 여전히 아이의 손에 붉게 놓여 있다

{} 시작 노트

 어떤 돌에는 돌의 바깥으로 나가지 못한 누군가의 오래된 온기가 조용히 머무르고 있다. 그것은 식어 버린 열이 아니라 아직 끝나지 못한 체온 같았다.

◼ 디지털 포엠 제작 방법

 veo3로 영상을 제작하였다. 영상과 시는 분리하여 게시하였다. 영상에서는 돌이 수혈을 받지만 결코 피를 흡수할 수 없는 현상을 구현했다.

디지털 포엠 기본 단계

— '시적 영상'과 '시적 단상'로 구성된 디지털 포엠

나도 발음할 수 없는 이름을 가졌던 적이 있다

누군가 내 이름을 부르지 않고 "저기요"라고 불렀을 때, 나는 왜 그렇게 빨리 돌아봤을까?

문이 열리기 직전의 허공 같은, "저기요"라는 이름.

 아무것도 넣지 않으면서도 무언가를 전했다는
감각이 그들을 조용히 돌아서게 했다

그들은 줄을 서고
우체통은 비어 있는 방식으로
서로를 견디고 있었다

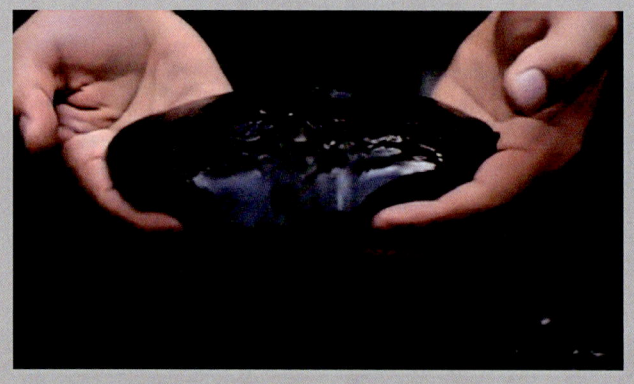

빛의 밀도에 따라 달라지는 그림자의 질감

빛이 무를수록 그림자는 질퍽이고,
빛이 강할수록 그림자는 건조해졌다.

나는 그 경계에서 흐르지도,
서지도 못하는 자세를 오래 앓았다.

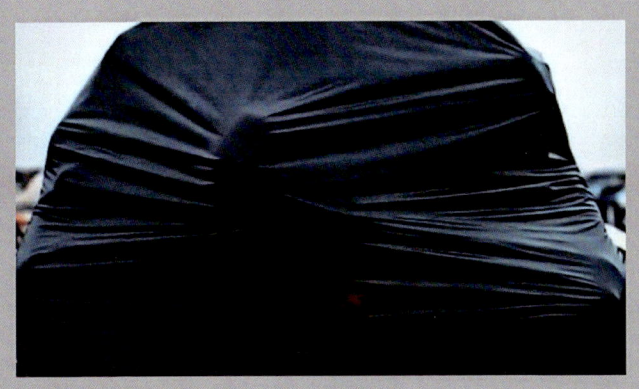

나는 나를 버릴수록 더욱 철저히 남아 있었다

그렇게 다 털어 낸 날,
나는 더욱 또렷하게 나 자신에게 남아 있었다

잘린 머리카락을 빗질한 자리

잘려 나간 머리카락은 더 이상 자라지 않을 뿐,
그것의 결은 사라지지 않는다.

사라지는 순간에만 들리는 소리

불이 꺼진 방 안에서만 들리는 소리가 있습니다.
마치 세상의 잔류들이 가늘고 길게 지나간다는 듯이

그러한 소리는 내 숨소리만으로도 부서지고
나는 거대한 파도처럼 잠잠할 줄 모르는 동물입니다.

반사광의 사랑

1판 1쇄	2025년 10월 30일
지은이	박유하
펴낸곳	끝과시작
펴낸이	박은정
편집	박은정
출판등록	제2022-000083호
전자우편	typistpress22@gmail.com
ISBN	979-11-993653-6-0

© 박유하, 2025.

◦ 책값은 뒤표지에 있습니다.
◦ 파본은 구입처에서 교환해 드립니다.
◦ 이 도서의 판권은 지은이와 출판사 타이피스트에 있습니다.
  양측의 서면 동의 없이 책 내용의 전부 혹은 일부의 재사용을 금합니다.
◦ 끝과시작은 출판사 타이피스트의 임프린트입니다.
◦ 이 책은 세종특별자치시와 세종시문화관광재단의 후원을 받아 2025년 신진예술 지원사업의 일환으로 발간되었음.